기독교문서선교회(Christian Literature Center: 약칭 CLC)는 1941년 영국 콜체스터에서 켄 아담스에 의해 시작되었으며 국제 본부는 미국 필라델피아에 있습니다.
국제 CLC는 59개 나라에서 180개의 본부를 두고, 약 650여 명의 선교사들이 이동 도서차량 40대를 이용하여 문서 보급에 힘쓰고 있으며 이메일 주문을 통해 130여 국으로 책을 공급하고 있습니다. 한국 CLC는 청교도적 복음주의 신학과 신앙 서적을 출판하는 문서선교기관으로서, 한 영혼이라도 구원되길 소망하면서 주님이 오시는 그날까지 최선을 다할 것입니다.

추천사

박 영 환 박사
서울신학대학교 선교학 교수, 한국연합선교회 회장

　본서는 학문과 현장을 접목시킨 융복합문의 세계의 필요한 연구물입니다. 지금까지 수준 높은 이론과 원리가 많았지만 현장의 괴리감으로 인하여 무가치함으로 분류되는 것이 많았습니다. 인도는 근대선교의 아버지 윌리엄 캐리의 역사현장으로 세계선교의 시발점으로 볼 수 있습니다. 본서는 기독교대한성결교단이 인도에 선교한지 60년이 넘은 시기에 인도복음주의교회(인도성결교회, ECI)의 역사를 배경으로 인도선교 전략에 관한 연구로 한국 선교신학계에 중요한 자산이 되었습니다.
　본서는 모든 인도 선교연구자들에 중요한 기본 자료(Quelle)가 될 것입니다. 인도선교는 1705년 데니쉬-할레 선교회(Danish-Halle Mission)의 시작으로, 영국의 선교와 미국의 선교 요충지였습니다. 이곳에서 인도복음주의교회가 성장한 배경사와 정책과 전략을 제시한 것은 세계선교정책과 전략사로 보아도 틀리지 않습니다. 앞으로 인도선교와 교회 그리고 역사에 관심 있는 분들의 중요한 책으로 남을 것입니다. 이병성 박사의 미래지향적 사고와 저서의 학문적 탁월성이 우리 모두에게 인도선교의 문을 열어 줄 것입니다.

에즈라 살구남 박사
인도복음주의교회 초대총회장, 미국 린다 비스타신학교 명예신학박사

    본인은 인도복음주의교회(ECI)와 협력으로 130개 이상의 교회를 건축한 이병성 박사에게 마음속 깊이 감사하고 있습니다.
    오늘 반응했던 사람들이 내일은 반응하지 않을 수도 있기 때문에 ECI는 즉각적인 반응을 보이는 사람들에게 더 집중하고 있습니다. 베드로와 그 친구들은 밤새도록 일했지만 아무것도 잡지 못했습니다. 그러나 주님이 오셔서 깊은 곳으로 가서 그물을 내려 물고기를 잡으라고 알려주셨습니다. 그들이 주님의 말씀에 순종하자 그물이 찢어져 다른 동료들에게 도와 달라고 할 만큼의 물고기를 잡았습니다. 대체로 소외된 낮은 계층의 사람들은 복음에 즉각적으로 반응합니다. 억압당하는 사람들은 사회와 경제, 그리고 정치, 종교의 자유를 갈망하기 때문입니다.
    하지만 본서를 통해 이병성 박사는 높은 계층의 사람들에게도 선교해야 하는 필요성과 그것의 다양한 선교 전략들을 제시하고 있습니다. 이처럼 본서는 주님은 잃어버린 영혼을 구원하는 일에 이병성 박사와 ECI를 함께 사용하신다는 증거를 보여주고 있습니다.

데이비드 오네시모 박사
전 마드라스신학대학 학장, 아세아연합신학대학교 철학박사

    저자는 인도복음주의교회(ECI)의 역사와 그 선교 전략을 역사적으로 적절하게 분석했다고 봅니다. 저자는 ECI가 단기간 빠른 성장에 기여한 여러 선교학적 요소들을 철저히 조사하는 놀라운 일을 했습니다.

    ECI 사역의 우선순위는 선교 현장의 실제상황과 조화를 이루는 것입니다. ECI 지속적으로 복음에 수용하는 공동체에 속한 '낮은 계층'과 사회경제적인 약자들에게 집중하고 있습니다. 크리쉬나 모한 바너지(Krishna Mohan Banerjee)와 판디따 라마바이(Pandita Ramabai), 그리고 니르마라 조시(Nirmala Joshi) 수녀와 같은 높은 계층의 교육자, 개혁가, 사회 복지사들의 개종 외에, 수년간 '낮은 계층'과 빈곤 계층에서 찾아볼 수 있었던 거대한 회심 운동은 '높은 계층의 엘리트' 사이에서는 찾아볼 수 없었습니다. 인도 남부에서 선교했던 예수회 선교사인 로베르토 드 노빌리(Roberto de Nobili, 1577-1656)는 여러 인도 풍습에 맞는 혁신적인 개혁을 통해 '높은 계층'의 사람들에게 복음을 전했지만 많은 결실을 맺지 못했습니다.

    하지만 ECI를 포함한 인도의 교회는 '높은 계층'에게 예수 그리스도의 복음을 전하기 위해 힘쓰지 않았다는 저자의 주장을 받아들여야 합니다. 본인은 전 세계, 특별히 아시아의 기독교 권역의 독자들에게 ECI를 통한 인도 선교 전략에 관한 연구 결과를 알리게 되어 기쁘게 생각합니다. 본인은 앞으로 인도교회의 미래를 위해 진지한 연구를 열망하는 사람들에게 본서를 강력히 추천합니다.

A Study on Mission Strategy of India
Written by Lee, Byung Sung
All rights reserved.
Korean Edition Copyright ⓒ 2020 by Christian Literature Center, Seoul, Korea

인도 선교 전략: 인도복음주의교회를 중심으로

2020년 10월 2일 초판 발행

지 은 이 | 이병성

편   집 | 정재원
디 자 인 | 박하영, 김현진
펴 낸 곳 | (사)기독교문서선교회
등   록 | 제16-25호(1980.1.18.)
주   소 | 서울특별시 서초구 방배로 68
전   화 | 02-586-8761~3(본사) 031-942-8761(영업부)
팩   스 | 02-523-0131(본사) 031-942-8763(영업부)
이 메 일 | clckor@gmail.com
홈페이지 | www.clcbook.com
송금계좌 | 기업은행 073-000308-04-020 (사)기독교문서선교회

ISBN 978-89-341-2189-3(93230)

이 도서의 국립중앙도서관 출판예정도서목록(CIP)은 서지정보유통지원시스템 홈페이지 (http://seoji.nl.go.kr)와 국가자료공동목록시스템(http://www.nl.go.kr/kolisnet)에서 이용하실 수 있습니다. (CIP제어번호: CIP2020033529)

이 책의 저작권은 저자와 (사)기독교문서선교회가 소유합니다. 신저작권법에 의하여 한국 내에서 보호받는 저작물이므로 무단 전재와 무단 복제를 금합니다.

인도 선교 시리즈 9

A Study on Mission Strategy of
INDIA

인도 선교 전략

인도복음주의교회를 중심으로

이병성 지음

CLC

목차

추천사   1
    박 영 환 박사 | 서울신학대학교 선교학 교수, 한국연합선교회 회장
    에즈라 살구남 박사 | 인도복음주의교회 초대회장
    데이비드 오네시모 박사 | 전 마드라스신학대학 학장

감사의 글   8

제1부 서론   10
    제1장 문제 제기와 연구 목적   11
    제2장 연구 방법과 연구 범위   16
    제3장 선행 연구와 용어 정리   20

제2부 인도교회의 역사와 선교   32
    제1장 인도교회의 역사   33
    제2장 인도교회의 선교 전략   81

제3부 한국교회의 인도 선교   96
  제1장 한국교회의 인도 선교 전략   97
  제2장 한인 선교사의 인도 선교 역사   117

제4부 인도성결교회의 선교 전략   143
  제1장 인도성결교회의 선교 전략 동반자   144
  제2장 인도성결교회의 선교 역사와 전략   192

제5부 결론   239
  제1장 요약   240
  제2장 제언   247

참고문헌   259
Abstract   273

감사의 글

이 병 성 박사
삼례 하리교회 담임목사

하나님께 감사드립니다. 하나님은 제가 어릴 적 인생의 가장 가치 있는 것이 영혼 구원임을 깨닫게 하셨습니다. 이를 위해 전도와 신학의 훈련과정을 통해 저를 선교사로 헌신하게 하셨습니다. 하나님은 지금도 복음전도를 최고의 사명으로 실천하도록 힘을 주고 계십니다. 앞으로도 선교하는 목회자와 선교를 연구하는 학자의 삶으로 신실하게 인도하실 하나님을 높여 찬양합니다.

열정과 배려를 통해 선교에 대한 연구를 지속할 수 있도록 격려해 주시고, 본서가 출판될 수 있도록 세심한 지도와 격려를 아끼지 않으신 서울신학대학교 박영환 박사님께 감사드립니다. 또한, 선교의 다양성과 통합적 시각을 제시해 주시는 서울신학대학교 최형근 박사님께도 감사드립니다.

간증을 통해 고등학교 2학년 때에 선교사로 서원하고, 지금도 공간을 초월하여 사랑의 마음을 주고받고 있는 인도 마드라스신학대학의 오네시모 박사님, 거침없이 인도복음주의교회와 협력하도록 기회를 주셨던 전 총회장 에즈라 살구남 목사님, 현 총회장 순덜싱 목사님께도 감사드립니다. 아울러 선교의 역량을 전수해 주신 영적 형님인 김봉태 선교사님과 동역자인 인도 선교사님들께도 감사드립니다.

신앙의 열정으로 모범을 보이시며 매일같이 기도하셨던 사랑하는 어머님께 감사드립니다. 그리고 지금까지 선교와 목회의 최고의 후원자가 되어 묵묵히 지원해 준 사랑하는 아내 김미선 사모와 앞으로 주님의 영광을 위해 쓰임 받을 평화와 기원, 두 남매에게도 감사의 마음을 전합니다.

지금도 선교 현장에서 사역하시는 선교사님들과 기도와 후원으로 동역하시는 분들, 그리고 목회 현장에서 복음전도 사역에 동참하고 계시는 성도들에게 감사드립니다. 이 책은 위의 모든 분들의 은혜로 쓰인 것입니다.

제1부

서론

제1장 · 문제 제기와 연구 목적

제2장 · 연구 방법과 연구 범위

제3장 · 선행 연구와 용어 정리

제1장

문제 제기와 연구 목적

인도복음주의교회(이하 인도성결교회, ECI)[1]의 초대 총회장 에즈라 살구남(Ezra M Sargunam) 목사는 도날드 맥가브란(Donald A. McGavran, 1897-1990)의 교회성장학을 바탕으로 복음에 수용적인 사람들과 하층민에게 집중했다. 그 결과 1998년 1,00개의 교회가 2018년 21,268개로 성장했다.[2] 살구남 목사의 교회성장 정책은 타밀나두(Tamil Ndu)와 안드라 프라데쉬(Andhra Pradesh) 주 등 일부 지역에서 큰 결과를 얻었다.

---

[1] 인도복음주의교회는 영어로 'Evangelical Church of India'이다. 본서에서는 인도복음주의교회를 한국 내에서 일반적으로 이해하는 '인도성결교회'로 명하고 영어로 표기할 때는 'Evangelical Church of India, ECI'로 할 것이다.
[2] 1998년에 1,000개 교회, 2016년에 7,500개 교회, 그리고 2018년에는 21,268개 교회가 설립되었다.

인도교회의 성장 동력은 주로 힌두교 사회에서 소외받고 있던 사람들이었다. 그들이 기독교로 개종하여 동일집단에 복음을 전하는 데 유리하게 작용했다. 일부 사람들은 기독교가 하층민의 종교로 인식하기도 했다. 그러므로 인도성결교회의 선교는 하층민에서 상층민으로, 부분에서 전체로 사역의 영역을 넓혀 가야 될 상황에 이르렀다. 여기에 현대에 적용 가능한 선교 전략이 절대적으로 필요한 시기다.

인도성결교회는 1941년 미국의 동양선교회(OMS, One Mission Society)에 의해 시작되었다. 초기에는 OMS 선교사의 지도 체제하에 운영되다가 1972년부터 현지인에게 지도력이 이양되었다. 1978년부터는 OMS와 기독교대한성결교회(이하 '기성') 그리고 인도성결교회의 선교협력 체제를 통해, 기성은 교단 파송 선교사를 직접 파송하지 않은 상태에서 교회 건축과 목회자 생활비 등을 지원하는 간접 선교에 치중했다.

기성에서 선교사를 파송한 이후에는 교회 건축지원과 목회자 생활비 지원, 신학교 사역들을 통해 인도성결교회의 선교 전략을 확장시키는 일에 상당한 공헌을 했다.

그러나 기성의 선교 전략은 지금까지 해외교회에 도움을 주는 주종관계로 비춰졌다. 해외 선교 정책과 선교 전략에 있어서 동반자 관계보다는 지배자의 모습으로 선교 전략을 수행한 것이다. 그 결과 인도교회와 인도성결교회가 해외 선교단체나 교단의 도움을 통해서만 발전하고 성장할 수 있다는 편견을 상호 간에 갖게 만들었다.

　인도교회는 지금까지 선교사 중심의 선교 전략으로 세워졌다. 그 결과 선교 전략과 재정을 외부에 의존하게 되었고, 인도교회의 자립이 어려워졌다. 그러므로 선교 전략은 현지인 중심의 선교 전략을 통해 발전되어야 한다.

　또한, 선교 전략은 파송국가와 현지인들과의 상호관계성을 통해 만들어져야 한다. 그 예로 허드슨 테일러(James Hudson Taylor, 1832-1905)의 '중국내지선교회'(China Inland Mission, CIM)를 생각해 볼 수 있다. 선교사는 현지 교회와 협력관계를 유지하며 현지인 중심의 선교 전략을 세워야 한다. 그리고 선교 전략은 파송단체와 선교사에 의해 세워지는 것이 아니라 인도인의 필요와 정서에 따른 친숙한 방식으로 전개되어야 한다.

　인도 선교 상황은 어려워지고 있다. 목회자와 성도들에게 대한 폭력으로 순교하는 일이 발생하고 교회의 피해는 계속되고 있다.[3] 이런 상황

---

[3] 2013년에만 인도 전역에서 4,000여 건의 기독교인 공격이 있었으며 대부분 카르나타카 주와 마하라쉬트라 주에서 일어났으며 라자스탄 주의 7세 아이를 포함하여 믿음을 지키다가 7명이 순교했다. "Christians attacked most in K'taka, Maha," *The Times of India*, 2014. 1. 23. 인도는 현재 13억이 넘는 인구를 가진 나라이며 UN 인구예측에 따라 2025년에는 세계 최대의 인구대국이 될 것이라 예상하고 있다. 현재 인도 정부는 경제개혁과 발전을 표방하면서 매년 경제 성장률은 5-7%를 보이고 있으며 컴퓨터, 자동차, 통신, 건설, 서비스업 등이 비약적인 발전을 거듭하고 있다. 계급제도는 법률로는 금지하고 있지만 아직도 생활 속에서 상존하고 있고, 수천 년을 이어온 다양한 언어와 관습 등을 가진 문화의 나라이다. 불교, 힌두교, 조로아스터교, 자이

에서 효율적이고 장기적으로 바람직한 선교는 현지인 선교 전략이다.[4]

선교 역사의 흐름과 선교 사상의 변화 속에서 선교 정책과 선교 전략은 형성된다.[5] 선교 전략은 시대적 상황과 발전에 따라 변하는 것이다.[6] 이러한 내용을 규명하고 새롭게 대처하면서 선교 사역을 수행하는 과정과 결과를 정리한 것이 선교 역사다. 또한, 그것을 분석한 것이 선교 정책과 선교 전략이다.[7] 지금까지의 연구는 선교 전략을 구성하는 가장 기초적인 단위인 선교 현장과 선교사를 제외시켰다.[8]

한국교회의 인도 선교 역사는 36년이 되었으나 인도에 대한 한국 선교학자들의 연구는 많지 않으며 그것도 대부분 외부인의 시각에서 본 선교 전략이다. 본 연구는 인도의 다양한 문화와 수많은 인구, 그리고

나교 등의 종교발생지이며 최대의 힌두교인을 가진 나라, 인도네시아 다음으로 많은 무슬림이 있는 나라, 2천 년의 선교 역사를 가진 나라이다. 2016년 1월 30일 보도에 바지랑 달(Bajrang Dal, 힌두 근본주의자들)이 우따 프라데쉬(Uttar Pradesh) 주에서 "세 명을 회심시키고 소고기를 먹는다"고 하여 한 목사의 머리와 눈썹을 밀고 당나귀에 태워 행진하게 했다. ECI, "Pastor Paraded on a Donkey with his head tonsures and moustache removed," *Church Planter* 2016. 3. (2016): 1.

[4] 2017년 박해 순위 11위에 올랐고 최소 8명이 순교하고 34곳의 교회가 피해를 입었다. 문혜성, "인도 등 선교사 박해 갈수록 심화," 「한국성결신문」, 2018. 4. 14., 2014년 타밀나두 주 인도성결교회의 베다찬뚤(Vedachanthur)교회의 목사와 장로는 교회 건축과정에서 체포되고 고초를 당했으나 감옥에서 복음을 전해 두 명의 젊은 청년이 예수를 믿었고, 힌두 사제가 회심하는 일이 있었다. ECI, "Persecuted for the Faith," *Church Planter* 2014. 7. (2014): 2.

[5] 박영환, 『세계 선교학개론』(서울: 성광문화사, 2018), 153-156., 박영환, 『선교학개론』(인천: 도서출판 바울, 2003), 107-108.

[6] 이훈구, "선교 전략의 정의에 관한 연구," 「선교신학」 제11집 (2005):202.

[7] 김은수, 『해외 선교 정책과 현황』(서울: 생명나무, 2011), 35.

[8] 박영환, "선교 정책과 전략 형성 이전의 배경사," 「신학과 선교」 제32권 (2006): 2.

2,083의 인종, 6천 년의 역사에 맞는 선교 전략을 세우기 위함이다.

　인도교회는 기성의 선교사 파송 이후에 현저한 성장을 이루었다. 그럼에도 불구하고 에즈라 살구남 목사의 지도력 이양 이후에 분파적인 기이한 모습을 갖게 되었다. 이에 인도성결교회는 새로운 선교 정책과 선교 전략을 필요로 한다. 인도성결교회는 자주적이고 자립적이며 새로운 자율공동체로 자리매김을 해야 할 시점이다.

　본서는 기성의 선교 정책과 선교 전략을 이해하고 선교사로 파송되었던 12년 동안의 선교 경험을 기초로 삼아 인도성결교회를 중심으로 선교 전략을 연구한 최초의 책이다.

　이 연구는 인도성결교회 역사의 기본 자료를 제공하려는 것이다.

　또한, 이 연구를 통해 인도교회와 인도성결교회의 역사와 선교 전략을 분석하고 미래의 인도교회의 선교 전략과 정책을 제안하고자 한다. 본 연구는 인도교회와 선교의 중요한 좌표가 될 것이다.

제2장

연구 방법과 연구 범위

　본 연구는 역사적 문헌 연구 방법으로 진행한다.
　첫째, 인도사회와 인도 선교를 이해하기 위해 인도 관련 일반 서적들을 참고할 것이다.
　둘째, 인도교회의 선교 역사를 연구하기 위해 인도교회 역사 자료와 문헌을 참고한다.
　셋째, 인도 선교에 대한 한국교회의 선교 전략 연구를 위해 한국교회와 인도에 거주하는 한인 선교사들의 선교 백서와 보고서를 참조한다.
　넷째, 기성에서 발간한 선교 정책과 역사 자료, 선교 보고 그리고 선교사 보고자료 등은 인도 선교 전략을 제안하는 기초 자료로 한다.
　이 과정을 통해 기성의 선교 정책과 선교 전략을 분석하고, 어떻게 인도성결교회의 선교 전략에 기여했는지를 연구할 것이다.

한국교단 내의 인도 선교에 대한 평가와 선교 연구가 어떻게 진행되어 왔는지 자료를 통해 분석하고, 한국교회의 인도 선교 백서 등을 토대로 인도 내의 한국 선교사들이 인도 선교에 대한 평가를 분석하는 일은 교단의 선교 전략적 관점에서 연구하고, 기성의 타 지역의 해외 선교에 관한 평가를 인도성결교회 교단 선교 입장에서 관찰하려는 것이다. 인도 선교에 관한 서적들을 중심으로 주제별, 연대별로 분류하여 현재까지의 인도 선교에 대해 연구하려고 한다.

일반적으로 선교사가 먼저 타문화권에 교회를 세우고 세운 교회들이 교단으로 발전한다. 그러나 기성은 초기에는 선교사가 없는 상황에서 OMS를 통해 인도성결교회에 간접적으로, 이후에 선교사가 파송되어 직접 선교함으로 40년 동안 인도성결교회의 교단 관계로 협력해 오고 있다.

그러므로 본 연구는 인도성결교회의 역사적 배경과 선교 전략 연구를 위해서 성장과 배가의 전략적 모델을 정책적으로 실천한 전 총회장 에즈라 살구남 목사의 사상들이 담겨 있는 문헌들을 연구하게 된다. 이는 인도성결교회에 어떻게 영향을 주었는지 파악할 수 있는 자료가 될 것이다. 특별히 중요한 자료는 인도성결교회에서 발행된 총회보고서와 통계자료, 그리고 월보는 지금까지의 인도성결교회 선교 전략의 이행과정을 평가하는 핵심적 자료가 된다.

이를 위해서 가장 중요한 세 명의 기성 파송선교사의 선교 전략을 역사적으로 구분하고자 한다. 그것은 3단계로 설명된다.

   제1단계: 인도 선교의 이해와 정착 시기
   제2단계: 인도 선교의 방안과 구상 시기
   제3단계: 인도 선교의 협력과 조정 시기

기성의 선교 전략의 역할을 인도성결교회 내에서 찾아볼 수 있다.

제1장 서론에서는 문제 제기와 연구 목적, 연구 방법과 연구 범위, 그리고 선행 연구와 용어 정리로 구성된다.

제2장에서는 인도교회의 역사와 선교 전략을 시대별로 구분하고, 인도 선교의 중요성과 선교 전략, 그리고 그 한계를 연구하게 된다.

제3장에서는 한국교회의 인도 선교를 한국교회 인도 선교의 역사와 한국교회의 선교 전략을 통해 인도에 대한 선교 전략을 제안하고,

제4장에서는 인도성결교회의 선교 전략으로 기성의 인도 선교에 대한 역할과 인도성결교회가 선교 전략을 세우고, 실행한 결과를 분석한다.

제5장에서 인도성결교회의 선교 전략에 대한 요약과 제언으로 결론

을 맺게 된다.

　본 연구는 서구 선교사들의 선교 역사와 전략을 인도교회의 역사로 한정하여 연구할 것이다. 그리고 인도 문화와 서구 선교의 영향으로 형성된 인도교회의 선교 전략의 한계를 극복하기 위한 선교 전략을 제안한다.

　본 연구는 발행되지 않은 자료와 부족한 인도 선교자료, 특히 일부의 제한된 자료를 사용함에 있어서 부득불 직접 인용하는 경우가 있다. 그 이유는 자료들이 정리되지 않았고 표현에 한계가 있었다. 예를 들어 선교사의 선교 보고와 인도성결교회의 월보 등은 그대로 사용했음을 밝힌다.

　또한, 지금까지 인도성결교회 선교 전략에 대한 연구가 없었기 때문에 인도 선교 전략의 연구물을 평가하고 제안할 것이다. 그러나 제한된 인도 선교 전략에 관한 자료를 가지고 현장 중심의 인도성결교회의 선교 전략을 분석하는 데는 한계가 있다.

　기성의 선교 정책과 선교 전략은 인도 파송 선교사를 통해 직간접적으로 인도성결교회에 영향을 주었기 때문에 인도 선교 전략 부분에 포함할 것이다. 그러나 인도 선교 전략, 특히 인도성결교회의 선교 전략의 주 관심은 선교사를 위한 선교 전략이 아니다. 국내 교회와 국외 단체의 영향을 받고 있는 인도성결교회는 스스로 성장해 가는 현지인 중심의 선교 전략을 입증하고자 한다.

제3장

선행 연구와 용어 정리

1. 선행 연구

   선교 전략에 관한 연구는 이론을 중심으로 한 선교 전략과 역사를 통한 선교 전략, 그리고 대륙별, 국가별 선교 전략들이 있다. 인도 선교 전략에 대한 연구는 논문과 진기영의 『인도 선교의 이해(Ⅰ, Ⅱ)』[1]에서 찾을 수 있다. 그러나 인도성결교회 선교 전략에 대한 연구는 처음이다. 인도성결교회 선교 정책과 선교 전략에 관한 자료집도 없다.

---

[1] 진기영, 『인도 선교의 이해(Ⅰ)』(서울: 기독교문서선교회, 2015); 진기영, 『인도 선교의 이해(Ⅱ)』(서울: 기독교문서선교회, 2016).

1) 일반적인 선교 전략 연구

첫째, 선교 전략 이론에는 데이튼(Edward R. Dayton)과 프레이즈(David A. Fraser)의 『선교 전략 총론』이 있다. 이 책에서는 표준형 전략[2]과 즉흥적 전략[3], 초기 계획 전략[4] 그리고 상황적 전략[5] 유형으로 분류하고[6], 열 가지 단계의 과정을 다루었다.[7] 이 책은 선교 전략의 이론을 정립하는 과정을 통해 선교 전략의 범위와 한계를 형성하도록 돕는 데 유익하다.[8]

---

[2] 표준형 전략(The Standard Solution Strategy)은 어떤 상황 가운데서도 변하지 않는 특정한 전략을 적용하는 모델이다. 이 전략은 주님의 방법은 변할 수 없다는 논리적 전제를 갖고 있고, 인간과 사회의 특성을 진지하게 고려하지 않고 있으며 문화를 주의 깊게 다루지 않는다는 문제가 있다. 어느 특정한 상황 가운데서 특정한 전략이 적중했다고 할지라도 다른 상황 가운데서도 동일한 결과를 가져올 것이라고 보장할 수 없다.

[3] 즉흥적 전략(Being-in-the-Way)이라는 사역 철학은 선교사들로 하여금 매우 쉽게 게으름에 대한 면죄부를 주는 전략적 반명목주의(anthinominalism)의 함정에 빠지게 할 수 있다. 선교사의 활동은 그 본질상 참여(engaging)의 의미가 있다. 모든 민족을 제자로 삼은 사역에 있어서 자유 방임주의적 접근은 더 이상 설 자리가 없다.

[4] 초기 계획 전략의 사역 철학에 따르는 사람들은 사역을 처음 시작하는 단계에서만 전략을 개발해야 하고 그 다음의 과정과 결과는 주님께 맡겨야 한다고 주장한다.

[5] 상황적 전략은 인류의 역사 가운데서 축적되어 온 인간의 지혜, 지식, 성령의 역사를 함께 사용하여 우리의 전략을 끊임없이 혁신하고 상황화할 것을 촉구하고 있다.

[6] Edward R. Dayton·David A. Fraser, *Planning Strategies for World Evangelization* (Grand Rapids: Eerdmans, 1980)

[7] John Mark Terry·J. D. Payne/ 엄주연 역, 『선교 전략 총론』(서울: 기독교문서선교회, 2015), 36-41.

[8] Edward R. Dayton·David A. Fraser/ 곽선희·김종일·이요한 역, 『세계선교의 이론과 전략』(서울: 대한예수교장로회 총회 교육국, 1991), 56.

솔토우(T. S. Soltau)의 『현대선교 전략』에서는 선교 전략의 기초를 "토착교회에 두어야 한다[9]"고 강조한다. 그리고 『미션 퍼스펙티브』[10]에서 전략적 관점을 도시선교를 중심으로 지역사회개발과 토착교회 선교를 중심으로 교회의 자발적 배가 운동, 그리고 미전도 종족 선교를 중심으로 전방 교회 개척을 제안한다. 이것은 현지인 중심 선교 전략을 제안하고자 하는 본 연구에 중요한 이론적인 바탕이 되었다.

둘째, 선교 역사와 함께 연구된 선교 전략은 피어스 비버(R. Pierce Beaver)의 『선교 전략 역사』[11]와 『기독교 선교운동사』[12], 그리고 데이비드 보쉬(David J. Bosch)의 『변화하는 선교』[13] 등이 있다.

---

[9] 원우연, "현대 선교 전략," 「신학지남」 42 (2) (1975): 121-123., T. S. Soltau/ 신홍식 역, 『현대선교 전략』(서울: 크리스찬 비전하우스, 1990).

[10] Ralph Winter와 Steven Hordon이 편집했다. 『퍼스펙티브스 Ⅰ, Ⅱ』(고양: 예수전도단, 2014). 1권에서는 성경적 관점과 역사적 관점, 2권에서는 문화적 관점과 전략적 관점을 다룬다.

[11] 피어스 비버는 선교 전략의 역사를 보니파스, 십자군, 식민지의 확장, 17세기 선교 전략, 뉴잉글랜드의 청교도들, 덴마크 할레선교, 모라비안 선교회, 신교 선교의 위대한 세기, 19세기의 선교 전략가들, 식민주의자의 정신상태, 전도, 교육과 의료 사업, 선교를 위한 예의, 대회와 협의회, 세계 2차 대전 이후로 구분하여 기술하고 있다. R. Pierce Beaver, "선교 전략의 역사" 이용원 역, 「신학과 목회」 2권 (1998): 115-142.

[12] 폴 피어슨은 선교 역사를 초대교회와 변화와 개혁의 시도, 그리고 종교개혁시대, 부흥과 개신교 신대, 위대한 세기, 새로운 선교시대를 분류한다. Paul Pierson/ 임윤택 역, 『기독교 선교운동사』(서울: 기독교문서선교회, 2009).

[13] David J. Bosch, *Transforming Mission: Paradigm Shifts in Theology of Mission* (Maryknoll, NY: Orbis Books), 1992. 『변화하는 선교』 제3판(서울: 기독교문서선교회, 2017).

그리고 김성태의 『세계 선교 전략사』[14]에서는 초대교회부터 선교운동과 선교회, 그리고 미전도 종족, 전문인 선교, 도시선교 전략 등을 다루었다. 그리고 한국교회 역사 속에 나타난 선교 전략과 사례를 소개함으로 본 연구에서 역사와 문화적인 특수성의 중요성을 강조하도록 했다.

셋째, 대륙별, 나라별 선교 전략에 대한 연구들은 다양하다. 그 중 전석재의 『중국 교회와 선교 전략』[15]과 김한성의 "한국교회의 네팔 선교 연구를 위한 예비 연구"를 통해 네팔 선교 역사 시기를 구분하고 성경 번역과 상황화의 이슈들, 그리고 네팔 선교 전략으로 연합 선교, 의료와 교육과 지역 개발을 이용한 선교를 주장한다.[16]. 김찬목은 "비즈니스를 통한 선교, 전문인을 통한 선교, 그리고 현지 교회와의 제휴를 통한 선교"를 통한 키르기즈 선교 전략을 제안하고 있다.[17]

---

[14] 김성태, 『세계 선교 전략사』(서울: 생명의말씀사, 1994). 그의 책, 『현대 선교학 총론』에서는 선교 역사를 선교 정책과 전략으로 "환경적 요소, 신학사상의 상관성, 영적 원동력, 선교매체, 선교구조, 지리적 확장, 복음화, 선교사, 토착화 등" 아홉 가지로 분류하고 있다. 김성태, 『현대 선교학 총론』(서울: 이레서원, 2000).

[15] 이 책에서는 현장 중심적 선교 전략과 이를 위한 선교사 선발, 네트워크, 그리고 재배치에 대한 한국교회의 연합, 전문성 개발과 평신도 전문인 선교사 양성, 선교의 개방성과 연합성, 디아스포라 선교, 선교의 주체로서의 중국교회의 역할을 그 전략으로 제시한다. 전석재, "중국교회와 선교 전략," 「선교신학」 제21집 (2009): 335-341.

[16] 김한성, "한국교회의 네팔 선교 연구를 위한 예비 연구," 「ACTS 세계선교 연구」 제2호 (2012): 14-37.

[17] 김찬목, "키르기즈에 대한 기독교 선교 전략 고찰," 「로고스경영연구」 제14권 제2호 (2016): 193-210.

2) 인도 선교 전략 연구

인도 선교 전략은 전호진의 『아시아 기독교와 선교 전략』[18]에 찾을 수 있다. 그는 인도 선교 전략을 "지도자 양성과 미전도종족 선교, 미디어선교, 인도교회의 선교운동 지원"을 제시함으로 한다. 이것은 『잠켓에서 이루어진 꿈』(Jatmkhed: Comprehensive Rural Health Project)[19]과 함께 인도인에 의한 인도인의 현실 상황에 맞는 토착선교 전략에 대한 중요한 정보를 제공한다.

국내에 소개된 인도 선교 전략과 관련된 학위논문[20]은 석사 학위가

---

[18] 전호진, 『아시아 기독교와 선교 전략』(서울: 영문, 1995), 213-214. 이와 관련된 책은 김광수의 '아시아 기독교 확장사'로 동방기독교의 확장과 중국, 일본, 인도, 실론(스리랑카), 버어마(미얀마), 태국, 인도네시아, 말레이시아 등에서 교회 확장을 위하여 선교가 어떤 역할을 했는지를 소개한다. 김광수, 『아시아 기독교 확장사』(서울: 기독교문사, 1973).

[19] Mabelle Arole·Rajanikant Arole, *Jamkhed: Comprehensive Rural Health Project*, (New York: Macmillan publishers, 1994)., 마벨 아롤레, 라자니깐트 아롤레, 기본건강학실천회 역, 『잠켓에서 이루어진 꿈』(서울: 기독신문사, 1999)., 장성진, "남인도의 지역사회개발선교 전략에 대한 신학적 고찰," 『신학과 선교』35권 (2009): 2.

[20] 조남국, 『한국교회의 인도 선교 전략』(양평: 아세아연합신학대학원, 1986)., 홍인숙, 『인도의 힌두교와 카스트제도에 대응하는 기독교 선교 전략』(양평: 아세아연합신학대학원, 1987)., 손석태, 『인도의 선교 전략: 브라만 계층 중심으로』(양평: 아시아연합신학대학원, 1989), 배성운, 『인도 선교의 역사적 고찰』(부천: 서울신학대학교신학대학원, 1988)., 이원규, 『인도의 가족제도 연구를 통한 선교 전략』(양평: 아세아연합신학대학원, 1989)., 이진상, 『인도에 대한 한국교회의 선교 전략: Karnataka 주를 중심으로』(부산: 고려신학대학원, 1997)., 김세진, 『마하라쉬트라 주(State of Maharashtra)를 중심으로 한 인도 선교 전략』(부산: 고려신학대학원, 1997)., 우병수, 『인도의 힌두 문화권에 대한 선교 전략』(오산: 한신대학교, 1997)., 김병락, 『인도 선교

전부이며, 복음주의 신학의 입장에서 인도의 상황신학의 구원론을 분석한 박사학위[21]가 유일하지만 본 연구와의 직접적인 관련은 크지 않다. 다만, 손귀목의 『힌두교권의 선교 전략: 인도를 중심으로』[22]에서 에즈라 살구남 목사를 통해 '교회의 전도원리'를 직접 듣고 정리한 것이 유일하다.

영문으로 된 석사논문은 북동부 출신들의 논문[23]으로 모두 자신들의 교파와 지역에 대한 선교 전략[24]이고 인도성결교회와 직접 관련된 것은 부흥에 관한 연구 논문[25]이 유일하지만 주제와는 거리가 있다.

전략에 관한 연구: 힌두교권을 중심으로』(부천: 서울신학대학교신학대학원, 1997)., 남호진, 『힌두교에 나타나는 종교 다원주의와 근본주의 연구를 통한 인도 선교 전략』(부산: 고신대학교신학대학원, 2004)., 이경훈, 『인도 선교 전략에 관한 연구: 힌두교 중심의 문화인류학적 접근』(부천: 서울신학대학교신학대학원, 2006) 등이 있다

[21] 조범연, 『인도 상황 신학의 비판적 연구』(양평: 아세아연합신학대학교대학원, 2005)
[22] 손귀목은 1990년에 인도를 방문하여 1991년 1월 12일에 에즈라 살구남 목사로부터 '인도복음주의교회의 전도원리' 즉 '인도성결교회의 전도원리'에 대한 강의를 듣고, 힌두교권에 대한 선교 전략을 제안한다. 손귀목, 『힌두교권의 선교 전략: 인도를 중심으로』(부천: 서울신학대학교신학대학원 석사학위논문, 1993), 61-70.
[23] 대부분 Manipur, Mizoram, Nagaland, Meghalaya, Tripura 주에 관한 논문들이다.
[24] Aroon Kumar Dass, *Strategies of evangelism and their application in state Punjab of India* (Seoul: ACTS, 1992)., Weyiete Lohe, *Development of mission strategy for the Naga Baptist churches* (Seoul: ACTS, 1989) 등이다.
[25] 인도성결교회의 부흥을 위해서 하나님의 말씀과 성령의 역사, 기도가 필요하며, 그 대안으로 셀 그룹과 평신도 사역, 그리고 새벽기도를 제시한다. Thiraviam Pandian, *The Role of Evangelical Church of India toward its Church Revival in India* (Puchon City: Seoul Theological University, 1996), 49-78.

한인 선교 30주년을 기념한 『선교 백서』[26]가 출간되면서 인도 선교 전략에 관한 연구가 본격적으로 시작되었다. 이 책은 인도 파송 선교사들의 선교 사역을 종합적으로 보여 주고 있다. 한국 선교사들은 교회 개척과 신학교 설립 등에 집중하고 있으며 서구의 선교 전략을 답습함으로 시대의 흐름에 맞는 협력과 동반자 선교 전략 등을 모색해야 하는 과제를 보여 준다.

진기영의 『인도 선교의 이해(Ⅰ, Ⅱ)』는 인도 선교에 대한 학문적 관심을 극대화한다. 이 책은 인도 선교에 대한 특수성과 역사적 이해를 배경으로 인도 선교에 대한 다양한 방법들을 제시함으로 본 연구의 이론적인 교과서가 되었다.[27] 이것은 그동안 힌두교에 대한 깊은 학문적 연구 없이 외형적인 선교 사역에 집중했던 선교사들에게 학문적 도전을 주었다. 특별히 힌두교 경전을 통한 힌두교 신앙에 대한 그의 연구는 인도인들의 필요가 무엇인지를 파악하는 단서가 되었다. 이 책을 통해 본 연구는 서구의 물량주의와 선교사 필요에 의해 선교가 아니라 현장 중심, 인도인이 필요로 하는 선교 전략에 집중해야 한다는 확신을 갖게 되었다.

선교 전략은 총체적인 접근과 통합적인 선교 현장의 과정에서 신학적 흐름을 파악하는 것이어야 한다.[28] 그러나 지금까지의 연구들은 외부자적 관

---

[26] 전인도 선교사회 연구위원회, 『인도 선교 백서』(n.p.: 전인도 선교사회, 2012).
[27] 진기영, 『인도 선교의 이해(Ⅰ)』, 227-363.
[28] 박영환, "선교 정책과 전략 형성 이전의 배경사," 13.

점에서 세운 선교 전략이었다. 본 연구는 내부자적 관점에서 현지인 중심의 효과적인 선교 전략을 인도성결교회를 통해 제시하고자 하는 것이다.

2. 용어 정리

1) 선교 전략

선교신학을 먼저 결정하고 그 신학 노선에 맞는 정책 대안으로 방향과 범위를 결정할 수 있는 원칙들이 정해지면, '각 정책의 대안에 나타날 특수한 지엽적인 조건과 상황을 어떻게 직접 요리해 갈 것인가'를 조율해 놓은 것이 선교 정책과 선교 전략이다.[29]

전략이란, 헬라어 '스트라테고스'(strategos)로 "어느 군대가 적과의 전쟁에 승리하기 위해 기본적인 자료들과 경제 그리고 정치, 심리, 군사적인 자원들을 모아 하나의 전략을 세우고, 이후에 강력한 지도력으로 이 계획을 실행시키는 것"[30]이다. 하나의 계획이 설정되면 이 목표를 달성하기 위하여 "정치적, 경제적, 심리적, 군사적인 모든 면을 다 동원하

---

[29] 박영환, 『선교 정책과 전략』(서울: 도서출판 바울, 2005), 31.
[30] Wilbert R, Shenk, "Mission Strategies," *Toward the 21st Century in Christian Mission*, ed. by James Phillips and Robert Coote (Grand Rapids. MI: Eerdmans, 1993), 218-219.

여 가장 효과적으로 단기간에 달성하기 위해 로드맵(Road Map)을 짜는 것"[31]이다.

선교 전략(Mission Strategy)은 선교의 수단과 방법이다. 선교 전략은 선교를 효과적으로 수행하기 위한 실제적인 계획과 시행방법이다. 이것은 지리적 범위 안에서 다루기도 하고, 선교 현장의 내용 접근과 이해, 그리고 방향성 등에서 고정된 지리적 한계를 넘기도 한다.

최상의 선교 전략은 복음의 본질에서 선교 사역을 위한 전략과 정책이 도출되어야 한다. 즉, 선교 전략은 효율성과 적응성이 고려되어야 하고 성경 중심적이어야 한다.

선교 전략을 수립하기 위해서는 다음의 세 가지 원리를 따라야 한다.

① 선교를 위한 인적 자원이나 재정이나 시간들 모두 제한을 받고 있기 때문에 효율성의 원리

② 선교 전략이 적절하지 못하다고 인정될 때는 언제라도 수정할 준비가 되어 있는 적합성의 원리,

③ 도덕성의 원리[32]

---

[31] 이훈구, "선교 전략 정의에 관한 연구," 1-17.
[32] 이용원, "선교 전략론,"「신학과 목회」제3권 (1989): 106-108.

선교 전략은 각 선교지 상황과 더불어 선교사의 배경 등 다양한 영역에 따라 연구되어야 한다. 포괄적인 정책과 원리 아래 선교 지역에 따른 다양한 선교 정책과 전략들이 제시되고 실천되어야 한다. 즉 선교 전략은 모든 민족을 제자 삼는 포괄적인 과정이다.[33]

2) 예수 박타(Yeshu Bhakta)

예수 박타(Yeshu Bhakta) 방법이란 문화적으로는 힌두 공동체의 삶의 방식을 따르면서도 신앙적으로는 예수 그리스도만을 사뜨 구루(Sat Guru, 진정한 스승)로 따르고 힌두 사회 속에서 그리스도를 증거하며 그 사회를 내부로부터 변혁시켜 나가는 삶을 사는 신앙운동이다.[34]

그들은 힌두의 삶의 방식을 따르기 때문에 전통적인 기독교인과 같이 외부인으로 여겨지지 않으며 기존의 사회적 관계와 존경받는 위치를 그대로 유지할 수 있다. 힌두들이 이러한 예수 박타를 자신들 중의 하나로 받아들일 수 있는 이유는 힌두교가 하나의 신을 믿고 단일한 교리 체계를 가진 하나의 종교가 아니라 여러 개의 종교를 그 우산 밑에 두고 있는 복합 종교로서 자기가 원하는 신을 스스로 선택해 믿을 수 있는 자유

---

[33] John Mark Terry·J. D. Payne/ 엄주연 역, 『선교 전략 총론』, 34.
[34] 진기영, "힌두 선교와 예수 박타(Yeshu Bhakta) 모델," 『복음과 선교』 제32집 (2015): 196.

가 주어지기 때문이다.[35]

　예수 박타 방법을 사용하게 되면 전통적인 선교의 약점이었던 외국 문화의 장벽을 제거해 주고 개종자가 그들의 공동체를 떠나야 하는 부담을 덜어 준다. 이를 통해 개종자들은 복음의 본질에 집중하고 복음의 수용성이 크게 높아진다. 이 예수 박타 모델은 인도의 상층과 중산층 카스트에 복음을 전할 기회를 제공해 주는 모델이다.

3) 아쉬람(Ashram)

　아쉬람은 힌두교도들이 수행하며 거주하는 곳이다. 힌두들이 기독교의 진리를 확신한 뒤 겪는 가장 큰 어려움은 같이 교제할 사람이 적고 교회에서 이런 이들을 수용할 문화적 분위기가 되어 있지 않다는 것이다. 개종자가 교회에 정착시키기 위해서는 친밀한 문화가 있어야 한다. 이런 점에서 힌두교에 대한 최상의 복음적 접근은 아쉬람이다.[36]

　아쉬람이 전략적으로 탁월한 이유는 단순하면서 인도의 경제적 현실에 맞는 저렴한 사역의 방식이기 때문이다. 아쉬람은 서양식의 문화와 지배적인 교회와 연결시킬 필요 없이 개종자들에게 친숙한 교제와 양육의 환경을 제공해 준다. 아쉬람은 불신자 힌두들이 접근하기 용이한 만

---

[35] 진기영, 『인도 선교의 이해(II)』, 283-284.
[36] Ibid., 221.

남의 장소를 제공한다.³⁷

스텐리 존스(Stanley Jones)는 종교적 토론과 함께 기독교 아쉬람 운동을 추진했다. 그는 아쉬람 운동을 통해 인도의 종교 문화적 전통을 존중하면서 기독교 선교를 펼쳤다. 그는 인도의 시성이라고 불리던 타고르의 산티니케탄 아쉬람(Santineketen Ashram)에서 함께 지내며 인도에서의 종교간 대화에 대한 경험을 쌓았다.³⁸

---

37 Ibid., 221-222.
38 김상근, "'인도의 길을 걷고 있는 예수'를 증거한 스탠리 존스의 생애와 선교신학," 「기독교사상」 제49권 (2005): 256.

제2부

인도교회의 역사와 선교

제1장 · 인도교회의 역사

제2장 · 인도교회의 선교 전략

제1장

인도교회의 역사

　인도는 에스더 1장 1절에 최초로 소개되었다. 도마(Thomas)가 AD 52년에 최초로 복음을 전했다고 본다. 또한, 기독교의 동방선교는 '메소타미아 서북방 지역에 있는 에뎃사(Edessa)'[1]를 출발점으로 한다.

　사실 초대 기독교의 중심은 '예루살렘, 안디옥, 에베소, 콘스탄티노플, 로마, 카테이지, 알렉산드리아, 에뎃사'였다. 이 중에 "에뎃사를 제외한 다른 지역은 모두 헬라의 문화인 헬레니즘에 의하여 지배와 영향을 받았다. 그러나 에뎃사 지역만은 시리아어를 사용한 시리아 문화를

---

[1] 에뎃사(Edessa)는 지리적으로 유브라테스강 동쪽에 위치하였고 안디옥의 동방 약 60마일 지점에 자리 잡은 작은 도시였다. 현재는 시리아 국경지역의 우르화(Urfa)라고 부른다. 김광수, 『동방기독교사』(서울: 기독교문사, 1973), 19-20.

배경으로 한 기독교 중심지"²였다.

  18세기에 지겐발크(Zieganbalg)와 윌리암 캐리(William Carey)에 의해 본격적으로 인도 선교가 시작되었다. 지겐발크는 타밀어로 된 신약을 인도 최초로 번역하여 인도 개신교 기초를 놓았다. 윌리암 캐리는 죠수아 마쉬만(Joshua Marshman, 1768-1837)과 윌리암 워드(William Ward, 1769-1823)와 함께 성경 번역과 출판에 힘썼고, 성경을 뱅갈어와 범어, 마라드 어로 번역했다. 그 외에도 윌리암 캐리는 동료들과 함께 37개 언어를 부분적으로 번역하거나 번역 사업을 시도했다.

  19세기 전반에 미국과 유럽대륙에서 많은 선교사가 인도에 들어와 활동함으로 인도 선교가 가속화되었다. 미국의 첫 번째 선교단체는 1836년 요한 수우더(John Scudder)를 파송한 외국선교위원회였다. 이들은 의료선교를 통해 좋은 결과를 만들었다. 유럽대륙에서는 대표적으로 바젤선교회(Basel Mission, 1834년), 독일 복음주의 루터란 선교회(Lutheran Mission, 1841년), 고르네스협회(Gossner's Mission, 1845년) 등이 있다.³

  1858년부터 1908년까지는 여성 선교사들을 통해서 아동사업과 여성을 상대로 한 의료사업과 교육 사업을 벌였다. 1877년도에는 인구의 5분의 1에 해당하는 하층민에 대한 선교가 본격화되었다. 인도 개신교 선교는 1813년부터 1914년까지, 그리고 20세기에 두 번의 성장 기회가 있었다.

---

2 Ibid., 19.
3 C. B. Firth, *An Introduction to Indian Church History*, (Delhi: ISPCK, 1961), 205.

인도교인 수는 성공회 470만 명, 침례교회 299만 명, 남인도 연합교회 160만 명, 신 사도교회 145만 명, 북인도 연합교회 125만 명, 장로교회 120만 명, 가톨릭교회 118만 명, 감리교회 64만 명, 순복음교회 60만 명으로 전체 37개의 교단으로 분류된다.[4] 그러나 인도의 교인분포는 해안 중심으로 남부지역과 북동부 지역에 집중되어 있다.[5]

인도 기독교 전래를 예루살렘 초대 교회의 전도시기와 네스토리우스 교도들의 전도 시기[6], 그리고 16세기 초엽 이후의 가톨릭의 예수회 교단을 중심으로 한 선교의 시기와 18세기 초기부터 시작된 개신교 선교사들의 활동 시기 등으로 구분한다.[7]

그리고 전승으로 내려오는 사도 도마에 의한 선교와 16세기부터의 로마 가톨릭에 의한 선교, 그리고 1706년 유럽에서 인도에 도착한 최초의 개신교 선교사인 독일 할레(Halle)대학 출신의 바돌로메 지겐발크(Bartholomew Ziegenbalg)와 침례회 선교회 소속의 윌리암 캐리(William Carey)에 의한 개신교 선교를 세 시기로 구분하기도 한다. 이 때에 대표적인

---

[4] Ibid., 141-142.
[5] Alpha Institure of Theology and Science, *Indian Church History*, (Thalassery: Vimala Offset Press, 2016), 142-143.
[6] 제4세기경, 페르시아 국내에서 심한 박해가 일어나자 이를 피해 네스토리우스 교도들이 쿠나이 도마(Kunai Thomas) 무역상의 안내를 받아 인도 마라바르(Marabhal)에 도착한다. 김광수, 『아시아 기독교 확장사』, 33.
[7] Stephen Neill, *A History of Christian Missions*, 홍치모·오만규 역, 『기독교 선교사』(서울: 성광문화사, 1996), 56-57.

선교사로는 로마 가톨릭 예수회 소속의 로베르토 데 노빌리(Roberto de Nobili)와 '근대 선교의 아버지'로 불리며 윌리암 캐리가 있다.[8]

인도 선교 초기에는 개인 개종에서 점점 대규모 집단 개종으로 바뀌고 선교의 대상이 힌두 상위 계층에서 점차적으로 하위계층인 "불가촉천민"[9]이나 소외 계층으로 바뀌었다.

표-1. 인도 선교 역사 요약[10]

구 분	15세기까지	16-18세기	19-20세기
주 체	사도 도마 시리아교회 페르시아교회	로마 가톨릭 포르투갈	개신교 교단들 덴마크, 독일, 영국 미국 등
지 역	케랄라(남인도)	고아, 해안지방	내륙지방, 동북부
태 도	사도적 관심 무역, 상업적 관심	군사, 강압적 태도 현지 문화에 대한 무시 유럽 그리스도인화 추구	대화와 조정을 시도 현지 문화 인정 노력 비유럽 신자화 인정추세
개 종	소수 가족, 지역	중소규모 개종	대규모 개종운동
대 상	힌두 상위층	중상위에서 하위층으로 이동	불가촉천민, 소외계층

---

[8] 양태철, "미전도 종족 선교를 위한 인도 선교의 중요성," 「기독일보」 2016년 11월 17일.
[9] 영어로는 Untouchable로, 부정하기 때문에 접촉을 피해야할 사람들로 분류한다.
[10] 정인우, "인도 선교: 트랜드와 이슈(Trends and Issues)," 「고신선교」 제5호 (2009): 81.

그 이유로 "지정 카스트[11]와 부족민들은 복음의 수용성이 높고 높은 계급의 힌두는 수용성이 많이 떨어진다"고 보았다. 그 이유는 20세기 후반부터 '인도사회, 특히 도시사회가 계급 상승 사회에서 신분 상승사회'[12]로 옮겨감으로 사회신분과 경제수준이 현격하게 떨어지는 하층민이 상층 계급의 '힌두'[13]들을 전도하기는 사실상 불가능하게 되었다.[14]

본인은 인도의 선교 역사를 네 시기로 구분한다.

첫째, 초기 역사로 제1세기의 사도 도마로부터 제10세기까지다.

이 시기는 사도적 관심과 박해 그리고 시리아교회와 페르시아교회를 통한 이주민이 인도 남부 중심으로 사역했다.

둘째, 중기 역사로 11세기부터 16세기까지이다.

이 시기는 로마 가톨릭과 포르투갈이 주도한 선교로 식민지 정책의 힘으로 강제적인 개종과 유럽의 문화와 관습을 이식하려고 했다. 그러나 인도 문화를 존중하고, 상위 계층에게 복음을 전하려는 노력들도 있었다.

---

11 사회적 장애를 제거하고 다양한 이익을 증진시킬 목적으로 달릿(Dalits)이라고 불리는 지정 카스트를 인도 헌법에 규정하고 있다. Ram Ahuja, *Social Problems in India* (New Delhi: Rawat Publications, 2004), 158-192.
12 Atul Y. Aghamkar, *Insights Into Openness Encouraging Urban Mission* (Bangalore: SAIACS, 2000), 27.
13 힌두는 페르시아어로 단순하게 인도인이라는 의미이다. 힌두이즘은 신의 본질에 대한 교리적 증명에서 자유롭고, 종교의 핵심은 신의 존재여부, 단일신이나 다신과도 상관이 없다. R. C. Zaehner, *Hinduism* (London: Oxford University Press, 1962), 1.
14 진기영, "한국교회의 인도 선교 패러다임 전환,"「선교신학」제23집 (2010): 221.

셋째, 근대 역사로 17세기부터는 19세기까지이다.

이 시기에 덴마크 할레선교회(Danish-Halle Mission)와 바돌로메 지겐발크(Bartholomew Ziegenbalg) 그리고 윌리암 캐리(William Carey), 알렉산더 더프(Alexander Duff) 선교사 등이 활동했다. 그들은 서구의 문화우월주의를 가지고 내륙지방과 동북부를 중심으로 사역했다. 그러나 인도문화와 힌두교를 연구하려는 노력들과 함께 성경 번역과 교육기관을 설립하는 등의 다양한 사역을 했다.

넷째, 현대 역사는 20세기부터 시작되며 인도 문화에 맞는 선교에 관심을 기울였다.

이 시기에는 인도 독립의 영향으로 인도교회의 자립과 연합을 시도하였고, 미래의 다양한 선교 전략들이 필요로 하였다. 이때 인도성결교회가 인도교회에 등장하게 되었다.

1. 인도 선교 초기의 역사(1-10세기)

1) 초기 복음전도 전래 역사의 배경[15]

인도의 복음전도 전래는 1세기 전후로 본다. 이 시기는 도마의 인도 도착설과 관련된 초기 외부문화의 인도 유입은 세 지역으로 볼 수 있다.

(1) 북인도

북서쪽을 중심으로 이민족의 침략을 통한 유입이다. 지형적으로 인도 북쪽에는 거대한 방패 역할을 하는 히말라야 산맥이 있어 외부세계와 단절되었다. 그러나 북서쪽에 있는 카이버(Khyber)나 볼란(Bolan)과 같은 계곡을 통해 B.C. 2000년에서 B.C. 2500년에 지금의 인도문화의 기원이 된 아리안(Ariyan)족과 B.C. 600년에는 페르시아인, B.C. 400년에는 그리스인, B.C. 1세기에는 쿠산인, 그리고 A.D. 5세기 이후에 훈족 그리고 무슬림들이 이 계곡을 이용하여 인도를 침략했다.

인도는 이 계곡을 통해 서양의 문화를 접할 수 있었다. 그들의 문화는

---

[15] 백종태, 『인도교회사』(인도: 봄베이 한인교회, http://www.kcbombay.com), 2003. 03. 10., 임진철, 『인도 선교의 문제점 고찰과 바람직한 인도 선교 전략 연구』(경기 광주: 계약신학대학원 대학교, 2003), 20-22. 재인용, Michael Wood/ 김승욱, 『인도 이야기』(서울: 웅진지식하우스, 2009), 155-221.

인도의 문화와 역사, 그리고 삶의 양식, 그리스와 페르시아의 건축과 조각 등에 영향을 주었다. 그들은 정복하는 과정에서 인도의 삶에 동화되었다. 결혼과 종교에 있어서 인도에 흡수되었다. 그 예로, 아소카 왕 때부터 굽타 왕조 초기에 불교문화가 융성하게 되었는데 중앙아시아 쪽에서 침입했던 침략자들이 불교에 대부분 개종하게 되었다. 그중에 그리스 출신의 메난더(Menander) 왕과 쿠산 왕조의 카니시카 왕은 불교 신도로 개종하여 통치한 대표적인 왕이다.[16]

A.D. 1세기에 인도는 로마나 그리스와 많은 교류를 하였으며 인도 상인들은 당시 무역의 중심지였던 안디옥과 알렉산드리아, 그리고 팔미라 등에 수시로 방문하면서 교역했다. 쿠산 왕조는 중국에서 시작되는 실크로드, 무역로를 장악함으로 문화적으로나 상업적으로 로마와 가까운 위치를 선정하였다. 그리고 로마에 상주하는 사신을 보낼 정도로 그 접촉이 빈번했다.

(2) 남인도

남쪽 데칸고원도 외부와의 빈번한 접촉이 있었다. 북쪽의 이민족의 침입은 남쪽의 원주민에게까지 영향을 주었다. 그것은 이민족과 섞여 살면서 인도의 토속문화와 이방인의 문화가 자연스럽게 혼합되어 새로

---

[16] A.D. 320-480/490년으로 본다.

운 문화들이 나타나게 시작한 것이다.

초기에 아리안 족들이 토착 원주민들에게 그들의 문화를 전했지만, 이후에 점차 원주민들이 섬기는 각종 신들을 아리안 족들이 수용하게 됨으로 독특한 인도-아리안 문화가 만들어졌다. 이것은 안드라 프라데쉬 주와 타밀나두 주 지역에서 찾을 수 있다.

(3) 서인도

케랄라는 동쪽으로 웨스턴 가트(Western Ghat)와 서쪽으로는 아라비아 해 사이에 놓여있고, 남쪽 케이프 코모린(Cape Comorin)에서 북쪽으로 359마일 정도 떨어진 지역이다. 이 지역은 내륙 데칸고원처럼 북쪽의 육로보다 서쪽의 아라비아 해변을 통한 외부와의 접촉이 많은 편이었다.

동쪽으로 내륙지역과 자연스런 장벽을 이루고 있는 웨스턴 가트 산맥은 케랄라만의 독특한 종교와 문화를 형성하는 계기가 되었다. 특히 아라비아 해를 중심으로 형성된 수많은 강은 서방 세계와의 무역을 활발하게 만들었다.

2) 복음 전도 사례 유형

(1) 사도 도마(Thomas, ?-72)

인도의 기독교 전래는 사도 도마가 열었다.[17]

여기에는 두 가지 주장이 있다.

첫째, 도마가 52년에 인도에 도착해서 20년간 선교의 사역을 했다는 것이다. 2세기 말의 기록으로 추정되는 도마행전(Acts of Thomas)에서도 "도마의 인도 방문"[18]을 전한다.[19]

둘째, 도마가 50-52년에 남인도 서해안 마라발(Malabar)에 복음을 전하여 그의 설교를 들은 주민들이 예수를 믿기로 작정하여 그 지방 일대

---

[17] 김광수, 『동방기독교사』, 113-114.
[18] 당시 곤도파레스(Gondophares) 인디아 왕이 궁정 건축가를 찾고 있었을 때 도마가 지원했고, 도마는 왕과 약속한 왕국건축은 하지 않고 건축 기금을 가난한 자들에게 나누어 주고 복음을 전하며 병든 자들을 고쳐주고 귀신을 쫓아내었다. 이 소식을 들은 왕은 도마를 추궁하자 도마는 왕궁을 지금 볼 수 없으나 죽어서 볼 수 있다고 대답하였다. 그 대답에 분노한 왕은 그를 투옥시켰는데 그날 밤 곤도파레스의 형제 가드(Gad)가 죽었다가 다시 살아나서 도마가 가난한 이들에게 나누어준 비용으로 지어진 수려한 궁전을 천국에서 보았다고 전하였다. 그리하여 왕과 그의 형제는 회심하고 세례를 받았으며, 도마는 그 후 순교할 때까지 인디아의 다른 지방에서 복음을 전하였다는 전설은 신빙성이 없어 보인다. 하지만 1834년 아프카니스탄의 카불 계곡에서 1세기 것으로 추정되는 그 왕과 그의 형제의 존재를 증명할 수 있는 동전이 발견되었고, 왕의 이름이 언급된 기원 전후의 것으로 여겨지는 비석이 발견되어 어느 정도 설득력을 갖게 되었다. 김은수, 『선교 역사로 보는 교회사』, 63-64., Justo L. Gonzalez, *The Story of Christianity*, 서영일 역, 『중세교회사』(서울: 은성, 1995), 52.
[19] 이장식, 『아시아 고대 기독교사』(서울: 기독교문사, 1990), 168., J. Herbert Kane/ 박광철 역, 『기독교 세계선교사』(서울: 생명의말씀사, 1981), 176.

에 7개의 교회가 세워졌다. 그 후 그는 마일라뿔(Mailapur)로 찾아가 그곳에서 왕과 많은 주민들에게 전도하여 예수님을 믿게 하였다.[20]

도마가 인도에 선교할 수 있었던 요인으로, 항해술의 발달이었고, 그들에게 무역할 수 있는 특권에 있다. 선원들은 B.C. 1세기부터 계절풍을 이용하여 남인도 해안까지 올 수 있었다. 동판에 새겨진 글을 통해 왕은 기독교 상인들에게 특권을 주었고, 주후 3세기에 인도와 로마 제국 사이의 무역 활동이 활발했음을 주화들을 통해 입증되었다.[21]

도마의 선교 역사 흔적은 1271년에 마르코 폴로가 동방견문록으로 알려지게 되었다. 1498년에는 포르투갈 인들이 도마 사적지를 발굴하였고 동시에 기독교인들이 자신들이 도마 교인으로 밝혔다.[22] 도마교회는 서구인들이 인도에 선교하는 동안에도 하나의 교회를 유지해 왔다.[23]

(2) 네스토리우스 교도들(6세기-10세기)

네스토리안 교도인 코스마스(Kosmas)가 인도를 방문한 523년은 가나의 토마스(Kunai Thomas)가 인도에 이민 온지 180년 후이다. 그가 인도에 왔을 때에는 마라바드 지역에 페르시아 사람인 장로와 감독이 있었다.

---

[20] John Stewart, *Nestorian Missionary Enterprise* (Madras: The Christian Literatures Society's Press, 1928), 128-129.
[21] Stephen Neill, *A History of Christian Missions*, 56-60.
[22] 이장식, 『아시아 고대 기독교사』, 168.
[23] 진기영, 『인도 선교의 이해(Ⅰ)』, 138.

코스마스는 그것을 다음과 같이 기록하였다.[24]

    인도에는 많은 기독교인들이 살고 있었다. 그런데 서방에서 네스토리안이 시리아로 넘어 온 후 60여년이 지난 498년에 시리아의 동방 교회는 서방 로마교회로부터 완전 분리하는 결의를 하였다. 이런 분리의 배경은 로마 제국 황제 제노(Jeno)가 사싼(Sasan) 왕국과의 전쟁에서 시리아 교회 중심지인 에뎃사를 점령하고 네스토리안들의 새로운 교육 기관들과 수도원을 폐쇄하고 그들을 박해하였다. 이 때 시리아 교회 중 일부는 멀리 떨어져 있는 세리우시아(Seryusia)로 옮겨졌다. 이런 제노의 박해로 동양에 분포되어 있는 교회들은 498년에 세리우시아 공의회에서 서방 교회와 완전 분리를 결의하였다. 이런 상황에서 원시 시리아 교회와 살데아교회와 네스토리안들이 합류해서 동양 교회를 형성하게 되었다.

  아시아에 대한 선교열정을 가지고 이슬람 치하에서도 신앙의 자유를 찾고 선교 사명감을 가진 네스토리우스 교도들이 인도에 계속 이주하였다.
  페르시아의 네스토리우스교도들은 이슬람교의 박해로 인하여 동방 선교를 개척하였다. 박해를 피한 사람들은 가나의 도마(Thomas of Cana)

---

[24] 이장식,『아시아 고대 기독교사』, 197.

감독의 인솔하여 774년 인도의 서해안 마라바르에 정착했다.

822년에는 네스토리우스 사브리소(Sabriso)와 피르쯔(Piruz)가 선교단을 이끌고 퀼론(Quilon)에 도착하였다. 당시의 상황에 대해 822년에 만들어진 동패에 기록되어 있다.[25]

> 동패를 만든 왕의 이름은 굽타(Stanu Ravi Gupta)이며 그는 트라반코아의 남부 일대를 다스리고 있었다. 왕은 기독교인에 대하여 각종의 특권을 부여하였으며 신앙의 자유는 물론이고 사회적 혜택도 많이 베풀었다. 노예를 사용할 수 있는 권리도 주었고. 종래에 왕실에서 관장하던 저울을 기독교인으로 하여금 맡아보게 하였고. 교회에 대한 세금 부과는 완전히 면제하였다. 그러면서 새로이 도착하는 기독교인에 대하여도 이미 도착한 기독교인에 대한 우대와 동일한 특권이 부여되었다.

이들은 '마니그라맨'(Manigraman)이라고 불렀으며. 인도 정부는 이들이 특혜로 얻은 광대한 토지를 지켜주기 위하여 6백 명에 달하는 군대를 배속시켰다. 이러한 혜택과 특권은 72종에 달하고 있었다.[26] 이에 마라바르의 기독교인들은 권리의 수호를 하고 고위의 계급으로 인정받아 세습하였다.

---

[25] 김광수, 『동방기독교사』, 125-126.
[26] Ibid., 126.

2. 인도 선교 중기의 역사(11-16세기)

1) 중세 탁발 수도회

11세기 이후에 시리아와 페르시아 지역의 교회들은 이슬람교도의 박해로 교세가 약화되었다. 13세기 말부터 14세기 초에 걸쳐 중국을 향하는 로마 가톨릭 교회의 탁발 수도승들은 이슬람교도에 의하여 육로가 차단되자 해로를 이용했다.

이들 중에 몬테 콜비노(Giovanni da Monte Corvino) 선교사가 있었다.[27] 그는 중국으로 가는 도중, 인도에서 전도하기도 했다. 몬테 콜비노는 1291년 페르시사의 타우리스(Tauris)만을 떠나 인도 마이라불에 도착하여 13개월간 인도에 머물면서 약 100명의 사람에게 세례를 베풀었다. 그리고 프란시스코회 피스토이아(Pistoia)가 동행하였으나 마이라블에서 병사하여 중국에 가지 못했다.

프란시스코회의 선교사 야곱(Jacobus de Padus), 도마(Thomas de Tolemtino), 데메트리오(Demetrius Laicus), 베드로(Petrus de Senis)는 1301년 페르시아의 올무스(Ormus)를 출발하여 "뭄바이(Mumbay)"[28] 근처인 타나(Tana)에 이듬해 도착했다. 이 일행 중에 도미니코회 소속의 졸단(Jordanus)이

---

[27] 김광수, 『아시아 기독교 확장사』(서울: 기독교문사, 1973), 218.
[28] 옛날 지명은 봄베이(Bombay)이다.

있었다. 그들은 15가정의 시리아 교회 계통의 신도들과 교제를 하던 도중 이슬람교도들의 습격을 받고 프란시스코회 선교사들은 모두 순교했다.[29] 쫄단은 이들의 순교를 목격한 후 2년 동안 해안 지방을 왕래하면서 선교하였다. 그러나 쫄단도 이슬람교도의 박해와 핍박 그리고 구타로 인해 목숨을 잃었다.

1322년 프란시스코회 선교사인 오드릭 페르데노베(Odotico da Perdenove)는 중국을 가는 도중에 인도에 잠시 체류한다. 그리고 1344년 교황 베네딕트 12세의 사절로 중국에서 선교 활동을 마친 마리노리(Giovanni daMarignolli)는 본국으로 가는 도중에 인도에 들려서 쫄단이 세운 성 죠지(St. George) 교회를 방문하고 복음을 전했다.[30]

2) 포르투갈의 식민 선교

1498년 바스코 다 가마(Vasco da Gama, 1460-1514)와 포르투갈 인들은 100년 동안 인도의 무역을 독점하였고 그들과 함께 선교사들도 들어 왔다. 프란시스코회 선교사 8명을 시작으로 1503년 도미니코회 선교사 5명 등으로 선교는 활기를 띠었다.

29　김광수, 『아시아 기독교 확장사』, 218.
30　Ibid., 220.

그러나 포르투갈의 식민정책과 병행하는 선교 전략[31]은 실효성보다 많은 부작용을 초래했다. 포르투갈의 반강제적인 회심은 오히려 이슬람 교들에게 적의만 품게 만들었고, 실질적인 회심자는 거의 없었다.

포르투갈 세력의 중심지였던 고아(Goa)는 감독교구로 승격되고 감독으로는 마데이라(Madeira)에 있는 푼칼(Funcal)이 되었다. 1577년에 고아는 만라아 및 코친(Cochin)에 부감독 교구를 산하에 둔 대감독 교구로 승격하였고 후에는 중국의 마카오, 크랑가노레, 밀라포레 등에 새로운 부감독 교구들이 추가되었다.[32] 고아의 대감독은 동아시아 전역에 걸쳐 서방 교회의 권위를 대표하게 되었다.

16세기에도 마르 조셉(Mar Joseph)은 마르 엘리아스(Mar Elias)와 같은 메소타미아 감독들이 남 인도에서 활약하였다. 그러나 조셉은 이단 시비문제로 인해서 선교에 좋은 결과가 없었다. 조셉이 죽은 다음 메소포타미아의 감독은 인도 교인들의 요청으로 마르 아브라함(Mar Abraham)을 파견했다. 마르 아브라함의 재직 시에 예수회 수도사들이 케랄라(Kerala)로 들어

---

[31] 진기영은 포르투갈의 선교사 인도 선교에 미친 부정적인 영향을 제국주의 원형을 보여주었고, 개종자들에게 쌀과 일자리를 제공해 주었는데 이로 인해 인도 기독교인들은 "쌀 신자"라는 명칭을 얻게 된 물량주의 선교, 그리고 인도인들이 부정하게 여기는 술과 고기를 장려하고 포르투갈 식 개명과 삶의 방식을 채택하도록 강조함으로 "파랑기"(Paranghi: 십자군 전쟁 이후 이슬람교들이 유럽인을 "프랑크"라고 지칭하던 데에서 유래한 말) 문화를 인도에 보급하였다는 것이다. 진기영, 『인도 선교의 이해(Ⅰ)』, 152-154.

[32] Stephen Neill, *A History of Christian Missions*, 177.

와 바이피코타(Vaipicotta)에 성직자 양성을 위한 신학교를 세웠다.³³

3) 로베르트 드 노빌리(Robert de Nobili, 1577-1656)³⁴

로베르트 드 노빌리(Robert de Nobili) 신부는 1506년에 인도 고아에 도착했다. 그의 사역은 마두라이(Madurai)를 중심으로 선교했다. 그 때에 유럽인들이 고기를 먹고 포도주를 마신다고 멸시하는 것을 보고 문화 장벽이 선교의 장애가 됨을 발견하였다.³⁵

그는 카스트제도를 제한적으로 수용하여 다른 브라만들처럼 하루 한 끼의 식사만 했고, 소를 신성시하는 힌두교 정신에 위배되는 가죽신발을 벗고 "구루(guru)"³⁶처럼 사제의복 대신 사프란으로 만든 긴 의복과 나막신을 신고 다녔다. 그는 매일 목욕을 했으며 미사를 집례하기 이전에 자신을 정결하게 만드는 의식을 거행하였다.

이러한 적응방식은 선교 전략으로 3년 만에 브라만 60명과 낮은 카스트를 포함하여 4,183명이 개종자를 얻었다. 그의 선교 전략은 카스트가

---

33 Ibid.
34 J. H. Kane/ 신서균·이영주 역, 『세계 선교 역사』(서울: 기독교문서선교회, 2007), 86.
35 Vincent Kundukulam, "Indian Christology: Certain Trajectories," Catholic Theology and Thought Vol. 80 (2018): 152.
36 구루(guru)는 인도에서 선생, 지도자를 말한다.

종교와 불가분 연결되어 있기 때문에 '인도의 기독교인들은 카스트를 유지하면서도 올바른 신앙생활을 할 수 있는가'[37]의 문제를 던져주었다.

그는 고린도전서 9장 20절에서 바울이 말한 것과 같이 "유대인들에게 내가 유대인과 같이 된 것은 유대인들을 얻고자 함이요 율법 아래에 있는 자들에게는 내가 율법 아래에 있지 아니하나 율법 아래에 있는 것 같이 된 것은 율법 아래에 있는 자들을 얻고자"[38] 노력했다.

그는 산스크리트어와 타밀어를 익혀 설교하였고 인도의 고행자들처럼 금욕적인 생활을 솔선수범하면서 브라만 계급에게도 선생으로 인정을 받았고, 인도인들을 얻기 위해 유럽인들과의 관계도 끊었다.

카스트 제도에 대한 비판적인 시각에 노빌리는 "예수만이 유일한 길이요 진리요 생명이며 예수 외에 다른 구원의 길이 없으며 구원의 진리를 이방인에게 전하는데 어떤 사회적 문화적 장벽도 만들어서는 안 된다"[39]고 확신했다.

노빌리의 선교는 다음과 같이 평가되었다. 그의 선교는 "문화와 복음의 구분, 문화 연구, 문화를 고려한 선교, 인도인으로서 정체성에 강조를 두었다. 또한, 물량주의 선교가 아니라 오직 진리와 기독교의 영성만으로 개종을 시도한 점, 인도적인 기독교 제시 등 오늘날 현대 선교가

---

[37] 김은수, 『선교 역사로 보는 교회사』, 197-198.
[38] Alpha Institute of Theology and Science, *Indian Church History*, 112.
[39] 진기영, 『인도 선교의 이해(Ⅰ)』, 162.

직면하고 고민하는 많은 선교학적 문제들을 다루며 나름대로의 설득력 있는 대안을 제시했다"고 평가한다.[40] 이러한 선교의 접근은 지금도 유효하게 인정되고 있다.

4) 프란시스코 사비에르(Francisco Xavier: 1506-1552)

프란시스코 사비에르(Francisco Xavier)는 1549년에 고아(Goa)에 상륙하여 1552년에 세상을 떠날 때까지 여러 지방에서 전도했다. 그가 5년 동안 헌신적인 전도와 청빈한 생활을 통해 세례를 베풀었다.

사비에르는 "국가의 권력과 힘을 바탕으로 많은 전도를 하였는데, 이슬람교의 사원을 파괴해야 된다는 것과 14세 이하의 고아는 모두 세례를 받아야한다는 것을 국가에 요청하여 실행"[41]하기도 했다. 그러나 국가 권위를 배경으로 한 선교는 유익한 결과를 가져오지 못했다.

가톨릭 선교는 선교사들의 우수한 자질과 많은 인적 자원을 가졌으나 세례를 주고 신자의 수를 늘리는데 우선적인 관심을 두었다.[42] 즉 구원의 확신이나 그리스도인의 삶과는 관계없는 세례는 표면적인 신자에만 주력했다.

---

[40] Ibid., 164.
[41] Ibid., 227.
[42] Ibid., 176.

1590년에 시작된 인도 선교는 200년이 지난 후 가톨릭 교인의 수는 25만이었다. 이에 반해 1870년 개신교 선교 80년의 결과로 교인 수는 23만 명이었다. 전자가 정부의 후원을 받은 선교라면, 후자는 정부로부터 심한 박해와 방해를 받은 선교였다.[43]

개신교는 일반적으로 가톨릭 전통에 대해서 강하게 반대했지만,[44] 비서구 지역에서는 유럽의 문화와 관습을 전파한 흔적은 다음의 인도 선교 근대의 역사에서 발견할 수 있다.

3. 인도 선교 근대의 역사(17-19세기)

인도는 서양의 정치적인 영향을 직접 받았다. 1661년부터 1663년까지 독일은 포르투갈의 점령지역을 대신했다. 영국은 1600년 동인도 회사를 건립하고 본격적으로 인도로 진출하기 시작했다. 영국은 1757년 인도를 부분적으로 점령하고 있던 프랑스 세력을 몰아내고 인도 전역을 차지하였다.[45] 영국의 인도 장악은 개신교 선교를 활발하게 하였다.

---

[43] Stephen Neill, *A History of Christian Missions*, 222-226.
[44] Ralph D Winter/ 임윤택 역, 『랄프 윈터의 비서구 운동사』(고양: 예수전도단, 2012), 92.
[45] V. D. Mahajan, *Modern Indian History*, (New Delhi: S Chand & Co Ltd, 1990), 14-27.

1) 덴마크 할레 선교회(Danish-Halle Mission)

경건주의는 독일 루터교회 필립 야콥 스페너(Philipp Jacob Spener: 1635-1705)로부터 시작되었다. 그는 그리스도인들에게 개인적으로나 그룹으로 성경공부에 참여할 것을 요청했다. 또한, 평신도들에게 교회를 섬기고, 도덕적인 삶을 살며, 주님을 증거 하는 신자의 제사장 직분을 감당하도록 도전했다. 그는 자신의 교회에서 주간 기도회와 성경공부 모임을 인도했다. 그는 베를린에서 목회하는 동안 경건주의의 본산이 된 할레대학교(Universität Halle)를 설립했다. 그는 아우구스트 헤르만 프랑케(August Hernmann Francke: 1663-1727)를 경건주의로 이끌어 학생들에게 선교 정신을 불어 넣었다.[46]

"덴마크 할레 선교회"[47]는 개신교 선교 초기의 유명한 유럽 선교사 파송 기구로서 메시지를 상황화하고 복음을 효과적으로 전달하기 위해 가장 혁신적인 선교 접근법을 사용했다. 이 시기의 대표적인 선교사는 바돌로메 지겐발크(Bartholomew Ziegenbalg)와 프레드릭 슈바르츠(Frederick Schwartz)다.

---

[46] John Mark Terry·J. D. Payne/ 엄주연 역, 『선교 전략 총론』, 159-160.
[47] 덴마크 할레 선교회는 관점에 따라 '덴마크 선교회'(Danish Mission), '할레 선교회'(Halle Mission), '트랑코바르 선교회'(Tranquebar)로 불리며 이는 타밀어로 파도의 노래(Song of Waives), 파도의 무희라는 뜻이 있다. 이곳은 인도 마드라스 남쪽 150마일에 떨어져 있는 해안지역이다.

덴마크 국왕이 인도에 있는 덴마크의 무역 조차지(trading concession)에서 복음을 전할 선교회를 설립할 것을 요청하자 1705년 이후에 바돌로메 지겐발크와 헨리 플뤼차우(Henry Pluetschau, 1677-1752)가 지원했다.[48] 그들은 "인도에서 사역하는 선교사들은 회심의 장애 요소가 무엇인가를 올바로 이해하기 위해 힌두교에 대해 신중하게 연구해야 한다고 주장하고 선교사들이 선교 지역에서 사용하는 언어로 성경을 번역해야 한다"고 강조했다. 선교사들은 반드시 개인 전도에 헌신해야 한다고 말하고 가능한 한 빨리 기독교 교육 기관을 설립하고 현지인 목회자를 양성할 것을 촉구하기도 했다.

덴마크 할레 선교회의 선교 전략은 다음과 같다.[49]

첫째, 다양한 선교적 소통전략이다. 복음을 전하기 위해 먼저 현지어를 훈련하고, 현지 종교에 관한 연구를 하며, 힌두교와 회교도와의 접촉을 위해 전도지, 서신, 대화를 포함한 다양한 시도를 하는 것이다.

둘째, 문서 선교 전략이다. 이교도들의 구원에 대한 가장 효과적인 도구로 전도 책자들을 출판하고 배포하는 것이다.

셋째, 통합적 선교 전략이다. 교회 개척은 덴마크와 독일, 그리고 영국과 화란, 미국, 스웨덴 사람들과 다양한 방법과 서신을 통해 함께 협

---

[48] 스콧 선퀴스트(Scott W. Sunquist)는 이들의 파송을 개신교 선교의 시작이라고 평가한다. Alpha Institure of Theology and Science, *Indian Church History*, 115.
[49] John Mark Terry·J. D. Payne/ 엄주연 역, 『선교 전략 총론』, 160.

력하였다. 그리고 복음을 전할 뿐만 아니라 고아원과 학교들을 위한 복지사업 등의 전략이다.[50]

2) 경건주의 모라비안

모라비안들의 선교 전략은 다음과 같다.[51]

첫째, 선교사 훈련 학교를 세워 선교하였다. 경건주의자들은 타문화권에 선교사로 파송되어 나갈 사람은 반드시 조직적이고 전문적인 선교훈련을 받게 했다. 이론적이고 학술적인 훈련뿐만 아니라 반드시 생존을 위한 다방면의 기술이나 생활훈련을 병행했다.

둘째, 소그룹을 통한 자비량 선교이다.[52] 모라비안 선교사들은 교회설립 측면보다는 소그룹 형성을 통한 참된 신앙인의 양육을 중요시하였다. 아울러 모라비안 선교사들은 자급자족을 원칙으로 누구에게도 지원을 받지 않았다.

모라비안 선교회의 문제점은 다음과 같다.

---

[50] Bartholomew Ziegenbalg/ 박영환·이용호 역, 『덴마크 할레선교회의 역사적 보고서』참조, 이용범, "개신교 최초의 선교사 지겐발크의 협력," 『선교와 현장』제6집 (2001): 33-46.
[51] 김성태, 『세계 선교 전략사』(서울: 생명의말씀사, 1994), 96-104.
[52] Deaville F. Walker, *William Carey: Father of Modern Missions*, (Chicago: Moody Press, 1980), 451-454.

지상에서 완전한 이상적인 신앙인의 삶을 추구하는 것은 비성경적이며 주관주의와 신비주의로 빠지거나 경직된 율법주의의 올무에 걸릴 수도 있다. 성도의 연합과 협력이 없는 지나친 자율주의는 결국 도태되고 지상에서 사라진다.[53]

결국 영적인 면은 쇠약해지고 봉사와 같은 인본주의적이고 박애주의적인 운동으로 끝날 가능성이 있다. 그럼에도 소그룹을 통한 선교 전략은 기동성이 있어 짧은 기간 내에 많은 선교사를 파송할 수 있다. 그러나 선교 사역이 확장되고 위기를 만나면 조직의 한계와 자원의 미약으로 중단될 수 있다.

셋째, 그리스도의 도성 인신과 수난의 선교 원리를 가지고 선교하는 것이다. 이러한 선교신학은 고난과 역경을 각오한 선교정신으로 모라비안 선교사들이 이런 정신을 가졌기 때문에 최악의 상황에도 불평하거나 낙심하지 않고 어려움을 극복할 수 있었다. 그러나 신비적인 체험을 중시하는 주관적인 선교도 배제할 수 없다.[54]

넷째, 선교지에 대한 철저한 적응 전략이다. 지겐발크는 '예배와 설교, 교육, 성경 번역 사업 그리고 현지어로 된 전도용 책자 발간 등의 중

---

[53] 김성태, 『세계 선교 전략사』, 100.
[54] Herbert Kane/ 민영홍 역, 『세계를 품은 그리스도인이 왜 되어야 하는가』(서울: 죠이선교회, 1991), 210-212.

요성'을 강조했다. 타밀어(Tamil)로 된 음악을 현지 예배에 처음으로 사용하기 시작했으며 선교지 종교에 대한 지식이 복음전도와 교회성장의 중요성을 깨닫고 힌두 철학과 힌두교 분야의 연구에 힘을 쏟았다.

경건주의는 개신교 선교개념을 발전시켰다.[55]

첫째, 선교는 더 이상 식민 정부의 임무로 간주될 수 없다.

둘째, 교회 성직자에서 평신도의 적극적인 참여했다.

셋째, 경건주의는 국가들과 교파들의 한계를 초월하는 그리스도인의 교제를 추구하여 선교의 에큐메니즘 시대를 열었다.

3) 바돌로메 지겐발크(Bartholomew Zieganbalg: 1682-1719)

인도에 온 개신교 선교사들의 첫 번째 원칙은 그리스도인들로 하여금 빠른 시간 내에 그들의 모국어로 된 성경을 갖게 하는 것이다. 이 원칙을 지킨 사람이 덴마크 왕 프레드릭 4세의 후원을 받은 독일 경건파 지겐발크와 헨리 플류챠우였다. 그들은 인도 남부에서 힌두교와 이슬람교와 때로는 가톨릭으로부터 박해를 받으면서 온 몸을 바쳤다.

지겐발크는 5개 학교를 세워 교육 사업을 진행했다. 세 개는 타밀어

---

[55] David J. Bosch/ 김병길·장훈태 역, 『변화하고 있는 선교』(서울: CLC, 2000), 390-395.

학교이고, 하나는 포르투갈어, 또 하나는 덴마크 학교였다.[56]

첫 번째 학교는 더 어린 소년들이 다양한 학년으로 구성되어 있고, 쉬운 문자를 손가락으로 모래에 쓰는 것을 배운다. 이것을 통해 교리와 책의 단어들, 율법에 대한 소책자, 성가곡과 산수를 배운다.

두 번째 학교는 소녀들로 구성되어 일부는 쓰기, 교리 그리고 거룩한 길을 배우고, 다른 아이들은 신약성서와 구약의 성서적인 역사를 읽는다.

세 번째 학교는 타밀 젊은이들이 앞서 언급한 수업들뿐만 아니라 타밀어의 문체와 산수, 그리고 시를 배운다.

네 번째 학교는 포르투갈어 반으로 소년들과 소녀들이 함께 교칙과 신앙과 다른 학문들을 배운다.

다섯 번째 학교는 덴마크어로 수업하는데 두 혈통의 덴마크 인들의 아이들이 출석하고, 더 나이 많은 학생들은 모든 학문과 항해술을 습득한다.

지겐발크는 교회와 학교 사역 외에도 번역, 출판사역을 감당했다. 신약성경과 구약성경 일부와 마르틴 루터의 『소교리 문답서』도 번역했다.

---

[56] 부모들이 자신의 아이들을 이 학교에 보내는 목적은 그리스도의 진리를 깨닫고 세례를 받게 하기 위함이 아니라 단지 수업을 통해 학문 배우기를 원하기 때문이다. 하지만 하나님은 이 젊은 영혼들에게 당신의 살아있는 말씀으로 아무 일도 하지 않는 것이 아니라고 지겐발크는 이 학교를 소개한다. Bartholomew Zieganbalg/ 박영환·이용호 역, 『덴마크 할레선교회의 역사적 보고서』, 29.

그리고 선교출판사에서 예술품과 함께 활자 주조를 위한 거푸집을 생산하였다.[57]

지겐발크는 개신교 선교의 기초를 놓았다. 그 후 선교 사업은 슐제(Schulze)에 의하여 계승되었고, 그는 1724년 구약의 타밀어 번역을 완성하였다. 그리고 인도의 공용어인 힌두스타니어 성경을 간행하는데 성공하였다. 그는 23년 동안에 7백 명에 달하는 신자를 얻었으며, 종교 교육사업에 전력하여 각 방면으로 많은 전도의 성과를 올렸다.[58]

지겐발크의 선교 전략은 성경을 빠른 시간 안에 번역하고, 원주민들의 문화와 의식구조를 가능한 이해하는 것이다. 그리고 개인회심에 힘쓰고, 인도교회에 지도자를 세운다는 일정의 자립정책과 토착화 선교전략을 지향했다.[59] 즉, 학교를 설립하고 성경을 번역하며 인도의 문화와 종교연구에 힘썼다. 이것은 후대 선교사들에게 큰 자료가 되었다. 그들의 문화와 종교연구는 본국에서 출판하려고 했으나 이교의 미신을 알리는 것이 선교의 목적이 아니라는 이유로 거절당했다.

지겐발크 다음으로 영국교회의 지식보급선교회(Society for Promoting Christian Knowledge)는 크리스티안 프레드릭 슈바르츠(Christian Frederick Schwartz)를 파송하였다. 그는 48년 동안 4천 명의 신자를 얻었고, 독일

---

[57] Ibid., 74-79.
[58] 김광수, 『아시아 기독교 확장사』, 229-230.
[59] Stephen Neill, *A History of Christian Missions*, 227-229.

인으로 선교부는 영국교회이고 후원은 덴마크라는 점에서 에큐메니칼 선교이다.[60]

4) 윌리암 캐리(William Carey, 1761-1834)

윌리암 캐리는 직접 조직한 침례교회 선교 협회의 선교사로 인도에 건너간 최초의 영국 사람이다. 캐리는 1793년 6월 13일에 인도로 출발하여 1793년 11월에 인도 캘커타에 도착했지만 영국 정부는 동인도회사를 통해 침략과 착취를 감행하던 시기로 허락 없이 거주하지 못했다.[61] 그는 동인도회사의 관할구역 내에서는 선교가 금지 되었기에 북쪽에 있는 세람포르(Serampore)[62]에서 선교 사업을 시작했다.[63]

윌리암 캐리(William Carey)는 "근대 선교운동의 아버지"[64]로 개신교 최초의 선교사가 아니라 선교를 대중화한 사람이다. 윌리암 캐리와 그

---

[60] 전호진, 『아시아 기독교와 선교 전략』(서울: 영문, 1995), 199-200.
[61] 한국선교신학회, 『선교학개론』, 110.
[62] Mary Drewery, *William Carey* (Grand Rapids: Zondervan, 1979), 108-118.
[63] 김광수, 『아시아 기독교 확장사』, 231.
[64] 비샬(Vishal)과 룻 망갈와디(Ruth Mangalwadi)는 '윌리암 캐리는 누구인가'에서 윌리암 캐리는 식물학자, 제조업자, 경제학자, 의료적 박애주의자, 미디어 개척자, 농업 전문가, 번역가와 교육자, 천문학자, 도서관 창시자, 산림 보호 운동가, 여성 권리 옹호자, 공무원, 도덕 개혁자, 문화 변혁자, 그리고 인도 현대화의 중심인물이며 전도자라고 평가한다. 비샬, 룻 망갈와디, "윌리암 캐리는 (정말로) 누구인가?," 예수전도단, 『퍼스펙티브스1』(고양: 예수전도단, 2014), 787-791.

의 동료들은 다음과 같은 전략을 실시했다.

① 선교사는 선교지의 언어와 문화를 매우 신중하게 배워야 한다.
② 선교사는 선교지의 종교적 신념에 대해 이해해야 한다.
③ 선교사는 가능한 한 많이 복음을 전파해야 한다.
④ 선교사는 선교지의 언어로 성경을 번역하는 데 우선순위를 두어야 한다.
⑤ 선교사는 지역 교회를 개척해야 한다.
⑥ 선교사는 현지인 목회자를 양성하고 가급적이면 빠른 시간 내에 그들에게 교회 사역을 위임해야 한다. [65]

윌리암 캐리는 『이교도 선교 방법론』에서 기독교인의 의무를 다음과 같이 제시한다.

첫째, 기도합주회이다.
하나님은 반드시 응답해 주신다는 거룩한 열망이 주님의 나라를 대표하는 모든 그리스도인 모임 속에 널리 퍼져 될 것이다. 그 결과, 복음을 전할 문이 열리고 많은 사람들이 왕래하며 지식이 더해지는 것이다.

---

[65] Stephen Neill, *A History of Christian Missions*, 224-225.

둘째, 해외 선교회이다.

해외 선교회는 선교 사업에 열정 있는 사람과 신실한 신앙을 가진 사람 그리고 인내력을 지닌 사람만을 선교사로 뽑아야 한다. 선교위원회는 선교에 관한 모든 정보를 수집하고, 선교 헌금을 모금하며, 선교사들의 성격과 기질 그리고 능력, 신앙관을 면밀히 살펴야 한다. 아울러 선교사들이 선교 사업을 수행하는데 필요한 물품을 공급해 주어야 한다. 여러 교파로 분열되어 있는 상황에서는 각 교파별로 사업을 추진하는 것이 더 효과적이다.

셋째, 선교비 모금이다.

만일 그리스도인들이 자기의 경제 형편에 따라 매주 '1페니' 혹은 그 이상 헌금을 해외 선교 기금으로 적립한다면, 많은 선교비를 모을 수 있다.[66]

윌리암 캐리가 위대한 선교사로 알려진 배경은 협력을 했던 사람들의 헌신적인 노력의 결과이다. 따라서 "윌리암 캐리와 협력하던 조력자들과의 관계에서 선교 사역의 협력의 중요성을 충분히 고려해야 한다. 그리고 효과적인 선교를 수행하기 위해 다른 그리스도인 공동체와의 협력 관계를 모색하는 일은 하나님의 나라 확장에 전심을 다해야 할 책임이

---

[66] William Carey, 『위대한 선교사, 윌리암 캐리』, 박영환 편역, 이희용 역(인천: 바울, 2008), 106-115.

있다"⁶⁷는 것을 보여준다.

그는 "인도의 일반 교육과 여성 교육에 기여를 했을 뿐만 아니라, 산스크리트어로 된 인도의 고전, 라마야나와 마하바라타를 지역어인 벵골어로 번역 출간함으로 벵골 문학의 르네상스에 기여한 인물"⁶⁸로 평가된다.

그는 인도 원예협회를 창설하고, 1818년에 인도 최초의 현지어 신문, 사마차 달판(Samachar Darpan)을 발행했으며, 산채로 과부를 불태우는 사티(Sati)제도와 같은 악습 철폐를 위한 운동으로 1829년 이 제도는 폐지되었다. 그리고 가난한 농부들의 재정 지원을 위해 저축 은행도 설립했다.⁶⁹ 그는 정치적 상황이 허락하는 한 복음 전파를 위하여 모든 방법을 동원하여 프로테스탄트의 대중 운동을 이끌었다.⁷⁰

1792년에 윌리엄 캐리의 "이교도 개종을 위한 수단을 사용해야 할 기독교인의 의무에 대한 탐구"는 북미의 인디언을 위한 선교사 데이비드 브레이너드(David Brainerd)와 존 엘리어트(John Eliot), 그리고 모라비안 선

---

67 서요환, "윌리엄 캐리에 관한 소고-그는 진정 위대한 선교사인가?," 「개신논집」11집 (2011): 259-161.
68 J.T.K. Daniel·R.E. Hedlund, ed. *Carey's Obligation and India's Renaissance*, (Serampore: Council of Serampore College, 1993), 109, 120, 124.
69 인도 선교에 기여한 캐리의 공헌은 J.T.K, Daniel, *William Carey's Arrival in India, 1793-1993: Bicentenary Volume* (Serampore; Serampore College, 1993), Vishal and Ruth Mangalwad, *The Legacy of William Carey: A Model for the Transformation of a Culture* (Wheaton: Crossway Books, 1999)에 소개되어 있다.
70 Stephen Neill, *History of Christian Missions* (London: Penguin Books, 1986), 294.

교사들과[71] 트랑크바 선교회의 독일 선교사 크리스티안 슈바르츠(Christian Schwarz)의 영향을 받았다. 그리고 최종적으로는 세람포르 선교를 주도한 삼인방 선교사 - 윌리엄 캐리, 죠수아 마쉬만, 윌리엄 워드 - 중 하나였던 워드가 작성한 약속문(1805)으로 선교의 청사진이 확정했다.[72]

윌리엄 캐리가 복음뿐 아니라 문명까지 전하고자 했던 것은 좋은 의도였다. 그러나 이교도들에게는 '문화, 문명'이 없으며, 그들이 '사람처럼 보이지 않는' 사람이라는 말은 그의 서구 문화우월주의를 잘 보여준다. 이것은 윌리엄 캐리로 하여금 인도인의 문화와 사회적 상황을 고려하는 것을 어렵게 만들었고, 그들이 복음을 받아들일 수 있도록 하는 일에 관심을 기울이지 않게 하였다. 이러한 문화우월주의는 선교사들이 인도 문화를 무시하고, 인도의 기독교를 서구화, 이질화함으로 인도인들에게 복음을 전하는 일을 어렵게 만들었다.

그의 선교는 유럽 문명의 과학과 종교를 인도에 이식하는 작업을 했다. 이것은 다른 사람을 위한 사랑과 섬김보다 규명을 먼저 하려는 시도

---

[71] 엘리어트의 사역에 있어서 대부분의 전도는 개인적으로 훈련시킨 인디언 전도자들에 의해 이뤄지고 학교를 세운 것과 1663년에 인디언 언어 중 하나인 알공키어로 신구약 성경을 번역한 것은 인도인 사역자 양성과 학교 사역과 함께 성경 번역이 캐리의 핵심 사역이었음을 볼 때에 엘리어트의 영향을 받은 것이다. 심지어 브레이너드는 질병 중에도 현지인들 곁을 떠나지 않고, 그들에게 말씀과 사랑으로 섬기는 데 모든 것을 바친 것은 현지인들과 '함께 거하기'의 중요성이 1805년의 세람포르 선교 청사진에서도 동일하게 강조되는 것을 볼 때, 엘리어트와 브레이너드는 캐리에게 중요한 모델이었다.
[72] 진기영, 『서양식 선교 방식의 종말』, 65-66.

였기 때문에 그의 선교는 변질될 위험성이 있다.[73]

윌리암 캐리의 선교는 다음과 같이 평가할 수 있다.[74]

첫째, 하나님의 부르심에 대한 흔들림 없는 확신과 피선교지 영혼들에 대한 사랑이다.

당시 영국에는 극단적인 칼빈주의(Hyper-Calvinism), 즉 하나님께서 구원받을 자들과 유기될 자들을 이미 예정해 놓으셨다는 신학이 지배하고 있었다. 그래서 인간의 결정론, 숙명론, 율법폐기론 등이 만연해 있었다. 그러나 캐리는 구원시키시는 분은 하나님일지라도, 한 영혼을 구원하기 위해서는 전도와 선교를 위해 헌신적 노력을 기울였다. 바로 그 일을 위하여 하나님께서 자신을 부르셨다는 확신을 가지고 있었다.

19세기는 제국주의 시대로 피식민지 백성들을 수탈의 대상으로만 여겼고, 피식민지의 자원을 본국의 근대화 산업화의 시대였다. 그런데 캐리는 인도인들 역시 하나님의 사랑의 대상이고 구원받아야 할 영혼으로 생각했다. 그리스도인 사역자와 선교사에게는 하나님의 부르심에 대한 확신에 흔들림이 없어야 하고, 피선교지 주민들의 영혼에 대한 사랑이 있어야 한다.

---

[73] 김상근, "윌리암 캐리의 선교신학적 공헌과 시대적 한계," 「기독교사상」 제49권 (2005): 258.
[74] 김승진, "William Carey의 인도 선교 사역," 「복음과 실천」 제47집 (2011): 161-165.

둘째, 하나님의 절대 주권에 대한 믿음과 오직 예수 그리스도만이 구원의 길이라는 확신이다.

캐리는 선교는 삼위일체 하나님의 은혜로운 목적에 뿌리를 두고 있다는 것을 확신하였다. 캐리는 인도인들의 종교와 종교성을 인정은 했지만 오직 예수 그리스도만이 구원자(the Savior)라고 확신했다. 캐리는 종교혼합주의(syncreticism)에 물들지 않았고, 인도인들의 신들이나 종교가 그들을 구원할 수 없다는 확신을 가졌고, 오직 예수 그리스도에 대한 개인적인 믿음만이 구원에 이르는 길임을 믿었다.

셋째, 성경의 권위에 대한 믿음이다.

캐리는 인도인들이 구원받기 위해서는 자기들의 언어로 하나님의 말씀인 성경을 읽어야 한다고 확신하였다. 따라서 성경 번역과 출판과 배부는 캐리의 선교활동에 있어서 중요한 사역이었다.

인도인들을 복음화하는 세 가지 기초는 복음 선포(proclamation)와 성경번역(translation)과 교육(education), 즉 학교설립이었다. 그리스도인 사역자와 선교사에게는 하나님의 말씀인 성경의 권위에 대한 확신이 요구된다.

넷째, 토착화 전략이다.

이 시대에 선교사들은 지도력을 이관하는 일에 '아주 눈먼'[75] 사람들

---

[75] 김인수, 『아시아 기독교회사 II』(서울: 장로회신학대학교출판부, 2008), 704-713.

이었다. 토착화(contextualization)란 복음의 본질을 상실하지 않은 채 복음을 피선교지 영혼들에게 호소력 있게 증거 하는 전략이었다. 인도인들의 심성과 영성, 그들의 언어와 삶, 그들의 역사와 종교, 그들의 피 속에 흐르고 있는 종교성 등을 존중하면서 예수 그리스도의 구속의 은총을 확실하게 증거 하는 전략이다.

캐리의 선교 전략은 인도와 인도인이라는 콘텍스트(context)를 기본으로 토착민들(the natives)을 전도해서 그들을 양육하고 그들로 하여금 토착민 교회(natives' church)를 이끌어 가도록 하는 것이다. 오늘날의 선교사도 기독교 진리를 타협 없이 증거 하면서도, 선교 현장의 콘텍스트를 충분히 고려하는 지혜를 가져야 한다.

다섯째, 전인적인 선교(holistic mission)이다.

캐리는 비인간적이고 비상식적이고 반기독교적인 악습과 전통을 직접 목격하고 엄청난 충격을 받았다. 그래서 캐리는 인도 땅에서 수백 년 동안 자행되어 온 악습들에 대해서 눈감지 않았고 침묵하지 않았다. 선교사는 "복음은 사람을 변화시키지만 변화된 사람은 세상을 변화시킨다"[76]는 믿음을 가져야 한다.

여섯째, 선교협력 공동체의 형성과 선교 현장에서의 초교파적인 교제이다.

---

[76] Walter Bruce Davis, *William Carey* (Chicago: Moody Press, 1963), 72-73.

'세람포르 삼총사'라고 일컬어지는 캐리와 워드와 마쉬만 간의 선교 업무의 분담과 협력은 선교 사역의 효율성을 높였다. 뿐만 아니라 다른 교단들과 다른 선교단체들로부터 파송된 선교사들과도 선교 현장에서 상호 협력하고 교제함으로써 에큐메니칼 운동의 정신을 실천하였다.

캐리는 예수님의 지상명령(The Great Commission)에 교단과 신학과 교리를 초월해서 누구와도 협력하고자 했다. 선교나 사역의 현장에서 교리논쟁, 보수와 진보의 갈등, 자기교파에 대한 독선적인 자세는 선교에 전혀 도움을 주지 못한다는 것을 그리스도인 사역자와 선교사는 명심할 필요가 있다.

일곱째, 선교 현장과 파송단체와의 상호협력이다.

선교에 있어서 현장과 본부와의 막힘없는 소통은 필수적이다. 또한, 선교후원자들의 지속적인 기도와 끊이지 않는 재정적인 지원은 선교 사역을 위한 필수조건이다. 캐리를 후원했던 침례교선교협회의 상임총무인 앤드류 풀러는 7년 동안 단 1명의 개종자도 얻지 못하는 상황 속에서도 인내하며 하나님을 믿었고 캐리를 믿어 주었다. 현장과 본부 사이의 원활한 소통과 이해 그리고 상호협력관계의 형성은 선교 사역에서 중요한 요소이다.

캐리의 성공적인 선교 사역에도 "재정을 의존하는 방식과 문화우월주의 방식, 그리고 분리주의 방식이 그의 선교에 장애가 되었다"[77]고 평가한다. 그 대안으로 현지인과 자신을 동일시하시며 성육신적인 삶을 사셨던 주님을 본받아야 한다. 그리고 문화우월주의를 극복하는 일련의 과정에서 타 종교에서 '작지만 분명히 존재하는 진리'를 발견해야 한다.

윌리암 캐리의 복음의 현지화 노력은 복음의 가치를 타협함이 없이 복음의 독특성을 유지하는 노력과 병행되어졌다. 그리고 분리주의 방식에 대한 대안으로는 인도의 "기독교인 힌두"와 "예수 박타" 운동이 있다.[78] 성육신적인 방식, 문화 존중의 방식, 공동체 안의 자연적 다리를 유지하는 통합적 방식을 선교사들이 지향해야 한다.

5) 알렉산더 더프(Alexander Duff: 1806-1878)

19세기 들어서면서 무굴 제국이 무너지고, 인도 제국이 성립되는 과정에서 개신교 선교도 급속도로 확장되었다. 이 시기에 스코틀랜드 국교회(The National Church of Scotland) 알렉산더 더프(Alexander Duff)가 있었

---

[77] 진기영, 『서양식 선교 방식의 종말』, 358-397.
[78] 예수 박타 방법은 문화적으로는 힌두 공동체의 삶의 방식을 따르면서도 신앙적으로는 예수 그리스도만을 사뜨 구루(Sat Guru, 진정한 스승)로 따르고 내부로부터 변혁시켜 나가는 삶을 사는 신앙운동이다. 진기영, "힌두 선교와 예수 박타(Yeshu Bhakta) 모델", 「복음과 선교」 제32집 (2015): 196

다.[79] 그는 장로회 선교사로 1830년 인도로 건너가 인도인의 도덕심을 함양을 위해 유럽문화를 이해시키는 것이 지름길이라고 생각하여 영어 교육을 실시했다. 그의 초기 인도 선교는 어려운 사람들을 대상으로 복음을 전했지만 나중엔 계급사회를 이용하여 상류층을 대상으로 서양식 교육방법을 이용하여 교육시켰다.

인도 지성인을 위한 선교 전략은 다음과 같다.[80]

첫째, 상층 인도 사람들의 필요를 채우는 방식이었다.

그는 캘커타에서 정치 경제적으로 영향력을 유지하거나 확대하기를 원하는 상층 힌두교도들에게 서양식 영어 교육을 해주는 대신 성경을 가르칠 기회를 얻었다.

둘째, 공동생활을 통한 제자 양성의 방법을 사용하였다.

셋째, 성경 공부를 주요 전도의 방법으로 사용했다.

그는 상류층에게 기독교를 알게 하면 그 밑의 계층까지 서서히 전달되는 '하향 여과이론'(Downward Filter Theory)을 주장한다. 처음에는 개종자가 적었지만, 그들로 인해 개종되거나 기독교에 대한 인식이 바뀌는 것을 볼 때 매우 유용한 선교 전략이었다. 이 선교 전략은 교육사업과 복음사업에 영향을 주었다.

그의 선교 전략은 세 가지 효과가 나타났다.

---

[79] 김은수, 『선교 역사로 보는 교회사』, 395.
[80] 진기영, 『인도 선교의 이해(Ⅰ)』, 320.

첫째, 교육적 측면에서 인도정부의 정책이 변한 것이다.

둘째, 기독교에 의한 선교단체로서의 가정 내 교육에 대한 인식이 보장되었다.

셋째, 상류계층의 힌두교 사람들의 마음에 기독교적 생각들이 들어갈 수 있도록 보장되었다.

그는 힌두교의 모순과 비현실성, 그리고 기독교의 '믿음'을 논리적으로 깨닫기를 소망했다. 그리하여 상류계층의 사람들의 개종을 이루어냈다.[81]

알렉산더 더프가 비판을 받은 것은 너무나 세상적인 학문을 가르치는 데만 열중하였고 수천 명의 학생들 중 겨우 33명만이 개종했다.[82] 그러나 그 중의 대다수가 영향력 있는 명문 집안 출신이었다. 더프의 제자 가운데 가장 유명한 사람은 후에 성공회 신학대학인 비숍 칼리지의 교수가 된 크리쉬나 베너지(Krishna M. Banerjea, 1813-1885)이다.[83]

그는 대부분의 선교사와 마찬가지로 힌두교의 파괴를 목적으로 선교

---

[81] 김은수, 『선교 역사로 보는 교회사』, 395-396.
[82] Ruth A. Tucker/ 박해근 역, 『선교사 열전』(고양: 크리스챤 다이제스트, 1990), 169-702.
[83] 그는 은퇴 후 베다(Veda)경을 연구하면서 1875년부터 베다경과 창세기의 창조, 타락, 홍수에 관련된 병행 구절을 비교해 가면서 베다경에 나타난 제사 제도는 그리스도의 속죄 제도의 예표이며 그것이 기독교 신앙 안에서 성취되었다고 주장한다. 진기영, "힌두교에 대한 기독교 메시지: 어제와 오늘," 『선교와 타종교』(서울: 미션아카데미, 2011), 134.

했다.⁸⁴ 교육 선교의 목적은 기독교가 바탕에 깔린 영국식 교육을 받으면 힌두교의 거짓됨과 사악함과 잔인함이 드러나 많은 사람들이 기독교로 몰려올 것으로 생각했다. 그러나 영국식 교육은 인도인에게 민족주의 의식을 깨우쳐 독립 운동이 일어나고, 전통종교의 가치를 재발견하여 반기독교 운동을 확산시켰다.

6) 미국인 선교사들

1810년에 설립된 미국 외지선교협회(The American Board Commissioners for Foreign Mission)는 인도에 저드슨(Adoniram Judson, 1788-1850), 낫트(Samuel Nott), 나우웰(Samuel Nowll), 홀(Gordon Hall)과 라이스(Luther Lice) 등을 파송 하였다.

저드슨은 최초의 미국인 선교사로 1812년 캘커타에 상륙하였다. 그러나 그는 미국 국내 사정과 영국 동인도회사의 냉대로 귀국했다. 그러나 홀과 낫트는 뭄바이에서 성경의 일부를 번역하며 선교했다. 그리고 인도인을 위한 학교를 25곳에 설립하고 1,200명의 학생들에게 교육하며 전도했다.⁸⁵

미국인 선교단체를 포함하여 인도에서 선교 활동을 하던 비 영국인

---

84 진기영, 『인도 선교의 이해(Ⅰ)』, 206.
85 김광수, 『아시아 기독교 확장사』, 237.

단체들은 1813년과 1833년의 동인도회사의 선교활동에 금지 조항들에 대한 법 개정으로 크게 증가되었다.[86]

이 시기에 영국에 대한 반감을 품은 인도인들은 민병대를 조직하여 동인도회사를 통해 본격적으로 인도를 약탈하고 침략하게 되자 저항하기 시작했다. 저항 운동은 1875년에 미럿(Meerut)에서 시작되어 갠지스강 유역까지 확대되었다. 이 사건으로 선교사와 많은 영국인이 무참히 살해되고 암매장되었다. 이 과정에서 많은 인도 기독교인들도 친영파로 몰려 죽임을 당했다.

이때 위기의식을 느낀 영국은 동인도회사를 철폐하고, 인도에 대한 식민 통치방법도 개선하였다. 점차 인도 사회가 안정되자 유럽의 각종 선교 단체들도 자유로이 선교를 할 수 있었다. 이 시기에 초교파 선교 단체인 기독교 문서 협회와 기독교 청년회, 그리고 주일학교 연맹 등이 조직되었다. 1933년 통계에 의하면 "143개의 선교 단체와 15개의 인도인 전도기관, 4,580명이 선교사업에 종사하고 있었으며, 38개의 기독교 대학, 287개의 고등학교, 417개의 중학교, 487개의 병원과 치료소, 107개의 직업학교 등"[87]이 있었다.

---

[86] Ibid., 240.
[87] Ibid., 241.

4. 인도 선교 현대의 역사(20세기 이후)

스탠리 존스(E. Stanley Jones, 1884-1972)[88]는 1907년부터 감리교 선교사로 인도에서 사역했다. 1920년대 초반 마하트마 간디(Mahatma Gandh, 1869-1948), 타고르(Rabindranath Tagore, 1861-1941) 등과 함께 '아쉬람(Ashram)운동'에[89] 참여했다.

인도는 영국 식민지배 아래 있었기 때문에 인도인에게 기독교란 억압, 강제, 차별, 파괴 등과 연결되어 그들을 침략하고 지배하려는 서구세력, 서구문명과 동일한 이미지를 갖고 있었다.

또한, 인도는 힌두교가 가장 보편적인 종교이고, 불교의 발상지이며, 이슬람의 영향이 강한 곳이었기 때문에 존스는 기독교가 아니라 그리스도를 전하기로 결심하였다. 서구문명이나 개신교단의 교리나 의식이 아니라 예수 그리스도를 받아드리라고 설교함으로써 변화를 일으켰다.

---

[88] 1938년 12월 12일에 '타임'지에 '세계에서 가장 위대한 선교사'로 선정되었고, 1961년에는 '간디 평화상'을 수상했고, 인도 독립운동과 연관된 활동과 제2차 세계대전 중에 펼친 평화활동 등으로 두 차례 노벨평화상 후보로 지명되었다. 김은수, 『선교 역사로 보는 교회사』, 421.

[89] 아쉬람은 힌두교도들이 수행하며 거주하는 곳이다. 스텐리 존스는 기독교 아쉬람(기도원이나 피정기관)운동으로 적용하여 운영하였다. 원탁에서의 종교적 토론방식으로 스탠리 존스가 추구했던 대표적인 선교방법이다. 아쉬람 운동은 인도의 종교와 문화적 전통을 존중하면서 펼칠 수 있는 기독교 선교의 한 방법이다. 김상근, "인도의 길을 걷고 있는 예수"를 증거한 스탠리 존스의 생애와 선교신학," 「기독교사상」 제49권 (2005): 256.

간디는 존스에게 "우선 당신네 기독교인들과 선교사들을 포함한 모든 서양인들은 오늘부터 예수 그리스도처럼 살아가도록 하십시오"라고 하면서 "당신네 기독교인들이 진정으로 예수 그리스도와 같은 삶을 살았다면 우리 힌두교인이 기독교로 개종하는 것이 훨씬 빨랐을 겁니다." 라는 조언은 스탠리가 기존의 선교개념을 바꾼 계기가 되었다. 그는 "서구문명과 백인들이 지닌 우월성에 대해 반성하고 선교목적은 기독교 전파가 아니라 예수 전파에 있음"[90]을 강조하였다.

그는 인도문화와 종교를 폭넓게 이해하고, 기독교 신앙을 단순히 서양종교가 아니라 그들의 토착문화에 맞게 전하려고 노력했다. 그는 "미국과 유럽의 문화로 채색된 기독교를 반대하고 인도인을 위한 기독교가 정착되어야 한다"[91]고 생각했다. 이것은 인도의 시인, 사상가, 교육자이며 노벨문학상을 받은 타고르가 한 말과 그 의미가 같다.[92]

    선교사들이 이방의 땅에 진실을 전하는 방식이 이방인들의 민족성이나 자존심에 상처를 주어서는 안 됩니다. 조화를 이루어야 합니다.

---

[90] 김은수, 『선교 역사로 보는 교회사』, 421-422.
[91] 김상근, "'인도의 길을 걷고 있는 예수'를 증거한 스탠리 존스의 생애와 선교신학," 255.
[92] 김은수, 『선교 역사로 보는 교회사』, 422.

스탠리는 인류 평화의 대변인 역할을 하였고 인도의 독립을 고무시키다가 심지어 영국정부로부터 추방당했다.[93] 그는 수많은 종교가 공존하는 인도에서 '가르치는 권위자'가 아니라 '소개하는 안내자'로서 역할을 충실히 감당했다.

타문화의 바른 이해와 예수 그리스도의 복음을 진실하게 선교하는 "원칙"[94]을 가지고 1925년에 쓴 『인도의 길을 걷고 있는 예수』[95]는 20개의 언어로 번역되어 세계적으로 널리 읽히는 책이 되었고,[96] 1930년에는 연구와 명상을 위해 아쉬람을 세웠다.

인도 선교의 역사는 외국 선교사들의 역사라고 할 수 있다. 그러나 인도의 일치 운동 등을 통해 인도교회 본연의 역사를 확인할 수 있다. 인도의 일치 운동은 1901년 스코틀랜드 연합 자유 교회와 미국 개혁 교회가 합동하여 남인도 연합 교회를 형성하는 것으로부터 출발한다.

남인도 연합교회와 북인도 연합교회는 연합과 일치를 위해 다양한 신학적 배경에도 불구하고 교단과 선교단체들이 남과 북으로 모여 조직되

---

[93] Datanand Bharati/ 이계절 역, 『인도의 눈으로 본 예수』(서울: 밀알서원, 2017), 268.
[94] 7가지 원칙은 100% 솔직할 것, 어느 누구의 종교도 공격하지 않을 것임을 먼저 확인시켜 줄 것, 종교 간의 대화를 마칠 때에는 참가자들이 질문할 수 있도록 시간을 줄 것, 집회가 열리는 도시의 비기독교 비도인사를 집회의장으로 세울 것, 기독교는 그리스도로 정의되어야 할 것, 그리스도는 단순한 논쟁이 아니라 기독교적인 경험에 의해 해석되어져야 할 것, 그리스도는 반드시 인도의 방식으로 소개되어야 할 것 등이다.
[95] E. Stanley Jones/ 김상근 역, 『인도의 길을 걷고 있는 예수』(서울: 평단, 2005).
[96] 김은수, 『선교 역사로 보는 교회사』, 422-423.

었다. 1908년에 1차적으로 남인도 연합 교회가 조직되었고, 1947년에는 남인도 성공회가 합하여 대규모 남인도 교회를 형성했다. 북인도 합동교단은 1970년에는 조직되었다. 여기에 참여한 교단은 북인도 교회, 성공회, 북인도 감리교회, 영국 오스트리아 계통의 감리교회, 그리고 북인도 침례교회 등이다.

썬다씽(Sundar Singh)[97]은 인도교회의 대표적인 인물이다. 그는 1905년 세례를 받기 전까지 시크(Sikh)교도였으며 신학 교육은 받지 않았다. 그러나 세프런(Saffron) 옷을 걸치고 지극히 단순한 생활의 인도 사두(Sadhus) 생활을 했다. 그는 특정한 교회나 선교단체에 속하지 않고 일생을 선교에 헌신했다. 그는 후계자도 남기지 않고 1929년에 티베트에서 종적을 감췄다.

1914년까지 인도의 기독교인들은 정치에 무관심하였다. 이들은 영국 통치에 만족하고 있었으나, 마하트마 간디가 남아프리카 공화국에서 돌아온 시점으로부터 교육을 받는 기독교인은 제국주의의 수구 노릇을 중단해야 한다는 인식을 같이했다. 그 중 일부가 국민회의당(National Congress Party)에 가담하고, 간디의 시민 불복종 운동에 동참하였다.

1917년부터 마하트마 간디는 비하르(Bihar) 근교 참파란의 인디고 농장인부들과 함께 비폭력 저항운동을 시작했다. 1919년 4월 암리차르의

---

[97] Stephen Neill, *A History of Christian Missions*, 606.

잘리안 왈라 공원 집회에서 영국 관리의 발포로 많은 인명 피해가 나자 영국에 계속해서 저항했다.[98]

1947년 8월 15일, 인도 독립은 정치적인 배경에서 발전하던 기독교에 변화를 주었다. 기독교는 정치와 상관없이 하나님 외에는 도울 자가 없다는 순수 신앙만으로 선교 독립을 이루어야 했다. 인도교회는 전국 교회를 하나로 연합하는 문제와 인도 복음화에 대한 책임을 심각하게 고려하기 시작했다.[99]

1959년 자국인에 의한 전도를 목표로 "인디아복음선교회"(Indian Evangelical Mission, IEM)가, 1960년대에 인도인들에게도 충분한 인적 물적 자원을 부여하셨다는 확신을 가진 이들이 모여 "우정의 선교사 기도 연합회"(The Friend's Missionary Prayer Band)가 세워지면서 선교를 이끌었다.

현대 인도교회의 특징은 다음과 같다.[100]

첫째, 인도교회는 박해와 시련 중에 세워진 교회이다.

힌두교와 다른 종교의 사회 속에서 인도교회는 수적으로 적지만 국제적 무대에서 오랜 역사와 문화유산, 그리고 영국의 영향으로, 인도교회 지도자들이 복음주의 진영과 WCC(World Council of Churches) 등 국제기

---

[98] V. D. Mahajan, *Modern Indian History,* (New Delhi: S Chand & Ltd, 1990), 14-27.
[99] F. Hrangkhuma, *Origins of Church in India, Perspectives - South Asia version,* Bangalore, 1984, 115-118.
[100] 전호진, 『아시아 기독교와 선교 전략』, 203-208.

구에 다양하게 참여하고 있다.

둘째, 인도교회는 아시아의 나라 중에서 연합운동이 비교적 활발하다.

인도교회는 지역할당제가 전도의 효과가 적다고 판단한 선교회와 지도자들이 신앙고백과 신학을 초월한 기구적 연합을 시도하였다.

그 결과 1908년 남인도연합교회가 탄생하였다. 참여교단은 장로교회, 개혁교회, 회중교회이다. 이것을 기초로 1947년 남인도교회가 조직되었는데, 여기에는 장로교회, 회중교회, 성공회, 감리교회이다.

북인도 연합교회는 1924년 장로교회와 회중교회가 연합하여 형성되었고, 1970년에 감리교회, 침례교회, 성공회가 가담하였다. 인도교회가 연합을 발전시킨 것은 에큐메니컬 운동의 영향도 있었지만, 교단주의의 폐해가 어느 나라보다 심각하였고, 인도인들의 포용적 자세가 작용하였다.

셋째, 인도교회의 민족주의 운동이다.

기독교 교육을 받은 사람들이 민족적 자각에 의해 기독교에 대한 충성보다는 국가에 대한 충성을 중요시하였다.

넷째, 인도교회는 문화유산에 대한 자부심으로 기독교의 토착화가 일어났다.

인도의 기독교적 아쉬람(Ashram)은 토착화의 대표적인 모델이다.

다섯째, 인도교회는 명목상 신자가 많다.

이것은 집단개종에 의한 제자양성[101]의 실패라고 볼 수 있다. 기독교인들이 대부분 하층민 출신이라 사회적 영향력이 적고 명목상 신자가 많아 기독교의 사회적 변화라는 차원에서 큰 역할을 기대할 수 없다. 질적 성장을 강조하는 개개인의 개종과 수적 성장을 강조하는 대중운동보다 한 가족을 개종하는 것이 효과적이다.

여섯째, 인도교회는 경제적으로 가난하다. 이것은 자립정신의 부재를 가져와 결국, 선교의 약점으로 작용한다[102].

이는 오랫동안 식민지 시대를 경험하고 자립정신을 가르치지 않았기 때문에 교회의 자립도는 낮다.

일곱째, 인도교회의 반문화적, 반지성주의 의식이다.

인도는 힌두교의 현실 도피의 영향으로 반문화주의 경향이 강하게 작용하는 것과 카스트의 상황 속에서 유일한 신분상승의 방법인 교육을 등한시하는 것은 교회의 사회적 영향력을 약화시킨다.

여덟째, 인도교회는 남부를 위시한 몇 지역과 사회계층에 편중되어 있다.

인도교회는 전 지역과 전 인구에 확장되어야 하는 과제가 있다.

---

[101] Rajendran, K/ 인도 선교 소모임 역, 『효과적인 인도 선교 핸드북』(번역 복사본, 2002), 129-130.
[102] Kenneth S. Latourette, *A History of The Expansion of Christianity,* Vol 6 (1973): 68-71.

제2장

인도교회의 선교 전략

인도 기독교 인구는 전체 인구의 2.3%으로 2,400만 명이다. 기독교 인구는 남부에 집중되어 고아(Goa) 주에는 26%, 케랄라(Kerala) 주에는 18.6%와 타밀나두(Tamil Nadu) 주에는 6%의 거주하고 있다.[1] 그리고 동북부(Nagaland, Mizoram, Shillong)[2]에 편중되어 있으며 인종적으로는 주로 낮은 사회계층 출신인 아디바시(Adivasi)[3]와 하리잔(Harijans)[4]이 전체 인구의 40%이다.

---

1   Office of the Registrar General & Census Commissioner. *"Population by religious community - 2011,"* 2011 Census of India.
2   Frederick S. Downs, *History of Christianity in India* (Bangalore: The Church History Association of India, 1992), 1-11.
3   '원주민'이란 뜻으로 낮은 신분의 종족을 말한다.
4   '신의 백성들'이란 뜻으로 마하트마 간디가 그들을 존중의 의미로 명명했으며 현대에는 달릿(Dalit, 깨어지다, 찢어지다)으로 불린다.

양적 증거의 차원에서 볼 때 기독교 선교는 성과를 거두었으나 지나치게 해안선 중심의 남부 또는 특정지역에 집중되어 있다. 반면에 북부 지역은 미개척지처럼 남아 있고, 상위 계급 선교를 위한 구체적인 전략이 필요하다.

종교 인구 비율에서 힌두교와 기독교 등 다른 종교들은 감소하고 있으나 이슬람교와 기타, 종교를 갖지 않는 비율은 조금씩 상승하고 있다. 이에 인도 상황 속에서 인도 선교의 중요성과 대표적인 선교 전략을 살펴보고, 인도 선교의 과제와 한계를 분석해 보려고 한다.

1. 인도 선교의 중요성과 선교 전략

1) 인도 선교의 중요성

인도 교회 역사는 초기 교회 역사와 같이 한다. 지금까지 서구교회의 선교와 식민 지배의 결과로 도시에 오랜 된 교회나 교육기관을 찾아볼 수 있으나 사회 전반에 기독교의 영향력은 미비하다. 서구 교회의 도움으로 조직과 재산을 소유한 교단들은 선교에 등한시했기 때문에 교회성장의 한계를 가져왔다.

오랜 선교 역사에도 의존적인 태도로 침체된 인도교회의 성장을 돕고, 그들이 필요로 하는 현지인 중심의 선교를 위한 인도 선교가 중요하다.

미전도 종족 선교 입장에서 본 인도 선교의 중요성은 다음과 같다.[5]

첫째, 인도는 전 세계 미전도 종족 6,500여 종족 중 약 32%인 2,083종족이 모여 있는 곳이다.

이들은 힌두교도(79.8%), 회교도(14.2%), 불교도(0.7%)들이고, 기독교는 개신교와 가톨릭, 그리고 정교회, 성공회 등을 포함하여 2.3% 미만이다. 인도는 전 세계 미전도 종족의 약 1/3에 해당하는 종족이 살고 있는 곳으로써, 미전도 종족 선교를 위한 가장 큰 선교지이기 때문이다.

둘째, 인도는 4대 문명 발상지 중에 하나이다.

그리고 고대 3대 실크로드(Silk Road) 중의 하나로 지정학적(地政學的)으로 중요한 곳에 위치하고 있다. 북쪽으로 중앙아시아 회교권 국가들과 인접해 있으며, 동쪽으로 중국을 위시한 동남아시아 및 인도차이나 반도의 힌두교, 불교, 회교권 국가들과 인접해 있다. 서쪽으로는 이란, 이라크, 시리아 등의 중동 회교권 국가들의 가깝기 때문에 선교 전략적으로, 또한 지정학적으로 중요한 위치를 차지하고 있다.

셋째, 인도는 선교훈련에 적합한 곳이다.

다양한 언어, 문화, 종교적인 조건들을 갖추고 있기 때문에 장기 및

---

5 양태철, "미전도 종족 선교를 위한 인도 선교의 중요성," 「기독일보」2016. 11. 17.

단기 선교 훈련이 가능하다. 그리고 지도자들의 훈련을 통해 효과적인 선교 전략을 세우고, 실행함으로 인도교회의 토착화를 이룰 수 있다.

2) 인도교회의 선교 전략

남부드리파드(K. N. Nambudripad)의 '힌두의 복음'(Evangelism of Hindus, Let the Earth Hear His Voice) 보고서를 기초로 선교 전략을 다음과 같이 제시하고자 한다[6].

(1) 집단개종(Mass Conversion) 선교 전략

북부 인도 아리안족(Indo-Aryan)과 인도 남부의 드라비도 문도(Dravido-Munda)에서 유래한 민족, 그리고 티베트-버마(Tibet-Burmese)족이 인도의 주 종족이다.[7] 간디가 '인도의 영혼은 부락(Village)에 있다'고 언급한 대로 인도는 부족과 부락으로 구성된 사회이다.

집단 개종은 중생의 체험이 없는 명목상의 신자를 낳거나 복음을 값싼 은혜로 받아들일 우려가 있다. 그리고 그들을 말씀으로 양육하여 제

---

[6] K.N. Nambudripad, "Evangelization among Hindus," In *Let the Earth Hear His Voice*, edited by J. D. Douglas (Minneapolis: World Wide, 1975), 790-797.
[7] John R. Mott/ 이용원 역, 한국연합선교회, 『비기독교 국가들에 대한 선교』(서울: 미션아카데미, 2012), 182-183.

자로 삼는 일이 어렵다는 평가에도 중요한 선교 전략 중의 하나이다.

1977년 12월 8일에 할무디(Halmoody)마을에서 42개 부족들이 예수님을 그리스도로 고백하고 침례를 받음으로 공개적으로 외부에 선포했다. 1997년 1월 집계에 따르면 이 결신자들은 9개 다른 마을을 출신으로 22,605명이 넘는 꾸끄나(Kuknas)부족[8]은 그 지역 교회에 동참하여 296개의 기도모임과 121곳에 교회를 세우고 52명의 지역 전도자들과 80명의 전도자를 배출했다.

(2) 미전도 종족 선교 전략

미전도 종족 선교 전략은 종족과 계급 단위로 이루어지는 집단 개종에도 효과적이다. 미전도 종족들은 밀림과 산간 지역에 분포되어 있어 교육과 의료 및 문화혜택을 받지 못하고 있다. 이를 위한 사회봉사를 병행하는 전략이 필요하다.[9] 또한, 도시에 집중되고 있는 종족들을 위한 빈곤과 질병, 주택과 교육문제들에 대한 해결방법도 모색해야 한다.

(3) 사회개발 선교 전략

사회개발 선교 전략은 낙후된 마을을 위한 사회 개발로 선교의 접촉점으로 삼을 수 있다. 도로를 넓히는 일과 공동 식수시설 그리고 보건시

---

[8] Rajendran, K/ 인도 선교소모임 역, 『효과적인 인도 선교 핸드북』, 127.
[9] 전호진, 『아시아 기독교와 선교 전략』, 213-214.

설과 교육시설들을 지방정부에 요청하는 일 등을 지역 주민과 공동으로 개발함으로 복음을 접할 수 있는 기회가 된다.

(4) 자립 선교 전략

피선교지 국가들의 공통된 문제는 교회가 경제적으로 가난하다는 것이다. 경제적 빈곤은 선교의 장애 요소이지만 의식과 자세가 변화되는 전환점일 수도 있다. 인도교회는 여전히 가난하다. 그러나 성경의 원리대로 자립을 가르쳐야 한다. 교단 내의 교회들의 연합을 통해 교회의 필요를 채우고, 도시교회와 농어촌교회의 교류를 통해 시설을 확충하고 교육 프로그램을 생산해 내도록 요구해야 한다.

(5) 협력 선교 전략

인도의 연합정신과 특유의 포용력을 발휘하여 교단별 협력과 교단과 선교단체와의 협력이 강화되어야 한다. 한 지역 안에서 다른 계급과 종족들이 공존함으로 계급 제도를 이해하여 같은 지역에서 계급이나 종족별로 교회가 세워지도록 서로 이해하고 협력하는 전략이 필요하다. 또한, 도시의 경우에 다양한 인종과 다양한 언어로 구성된 기독교인들이 자신들의 종족과 같은 언어로 예배드릴 수 있도록 한 교회건물에서 예

배시간을 조정하는 협력 선교 전략이 필요하다.[10]

(6) 지도자 양성의 다각화 전략

인도교회 목회자의 학력 수준은 미약하다.[11] 인도성결교회는 신학대학과 성경학교가 총 13곳이다. 신학대학에 공부하는 학생들은 주로 영어와 신학대학이 속한 주 언어로 배우고, 성경학교는 소속 주 언어로 교육된다. 그 외에 이동 신학교를 통해 전도자들을 양성하여 교회 개척의 자원이 된다.

허드슨 테일러는 1865년에 '중국내지선교회'(China Inland Mission: CIM)를 설립하여 '믿음 선교'(Faith Mission)의 선교 전략을 세웠다. CIM의 특징은 교파에 속하지 않았고 노동자들 가운데 헌신된 일꾼들을 모집하여 선교단체들의 불필요한 경쟁을 피해 중국선교를 극대화할 수 있었다.[12] 이후에 "목회자와 지도자로 세우는 일"[13]과 "지도력 이양"[14]은 부족했으나 개척을 위한 지도자 양성에는 필요한 전략이었다.

위와 같이 평신도 중에서 헌신된 일꾼을 교회 개척자로 세우는 일은

---

10 시골의 경우에 같은 마을에 종족에 따라 다른 교회가 세워지기도 하고, 도시에는 언어별, 종족별로 시간을 나눠 예배드리는 교회가 많다. Pune의 YMCA에서는 토요일과 일요일에 7개의 단체가 각기 다른 언어로 예배하기도 했다.
11 전호진, 『아시아 기독교와 선교 전략』, 213.
12 Ruth A. Tucker/ 박해근 역, 『선교사 열전』, 226-229.
13 Ibid., 239.
14 김은수, 『해외 선교 정책과 현황』, 60.

초기 단계에 필요한 전략으로 그 지역 출신의 지도자를 세우는 것이 바람직하다. 그러나 도시 지역에서 사역할 지도자는 영어를 구사하고 학문적인 지식을 갖추도록 양성하는 등 지역과 특성에 따른 지도자 양성의 다각화가 필요하다.

(7) 지도자 영성 전략

지도자의 인격과 절제생활, 경건한 삶의 모습은 복음 증거의 접촉점이 된다. 인도인들은 힌두 사제들을 포함한 종교인들은 금욕생활을 해야 한다고 믿는다. 그리고 종교인들은 부요하거나 사치스런 생활을 한다는 것은 영성이 부족하다고 생각한다. 그러므로 교회 지도자들은 타 종교의 지도자들보다 더 경건하고 정직한 삶의 자세를 가져야 한다.

(8) 미디어 선교 전략

인도인들은 영화를 좋아한다. 축제 문화도 상당히 발달되어 있다. 그들의 종교 행위가 곧 축제이기 때문이다. 그들은 축제기간 동안에 거리에서 연극으로 그들의 신들을 찬양하는 일이 일반적이다. 활동적이고 시각적인 것에 감동하는 민족의 특성을 고려하여 영화나 방송을 선교 전략으로 활용해야 한다. 또한, 소셜 미디어를 통해 복음을 전할 수 있

는 컨텐츠를 전략적으로 개발해야 한다.[15]

그 외에 인도교회는 타종교에 대한 이해와 연구를 통해 기독교와의 유사점을 이용한 방법으로 선교할 수 있다. 그 과정에서 기독교의 가치와 독특성과 구원의 필요성을 증거 되어야 한다. 또한, 기독교인들이 사회의 각계각층에서 영향력을 발휘하도록 힘써야 한다.

2. 인도 선교의 한계와 과제

1) 지적 한계

기독교를 받아들이는 데 방해 요인은 대다수 대중의 무지이다. 이것은 일반적인 교육의 증가에 의해 해소할 수 있으나 일반 대중의 기독교 신앙에 대한 이해도 부족하다.[16]

오랜 기간 동안 복음이 전해졌음에도 인도교회는 지속적인 성장을 하지 못하고 상당히 둔화된 모습을 보인다. 여러 가지 요인이 있으나

---

[15] 박민수는 인도의 선교 전략을 다계층 선교와 기업선교, 그리고 문화선교와 사회봉사로 구분한다. 박민수, "인도,"「선교와 현장」제1권 (1996): 182-183.
[16] D. S. Cairns/ 김창운·장남혁 역, 한국연합선교회,『비기독교 종교들에 관한 선교적 메세지』(서울: 미션아카데미, 2012), 208-211.

1,660개의 언어가 선교에 장애 요인이다. 또한, 성서 번역이 진행되고 있지만, 아직도 1,491개 종류의 언어로는 일부분조차도 번역되지 않고 있다. 거기에 인도의 문맹률은 문서선교에 상당한 제약을 주고 있다.

2) 사회적 장벽

선교에 방해 요인 중 하나는 인도인의 생활을 규제해온 카스트 제도이다. 힌두교는 출생에 따라 일정한 계급에 속한다.[17] 죽을 때까지 속한 계급에서 떠나지 못한다. 더 나은 생명을 얻는 길은 자기의 숙명을 잘 받아들이는 것뿐이다. 만약 계급을 파괴하면 그 계급 사회에서 추방된다. 기독교인 80%가 하층계급의 사람들로 기독교를 천민 혹은 하층민의 종교로 인식하고 있다.

개종 문제를 둘러싼 논쟁의 핵심은 신앙 문제라기보다는 사회문화적 "정체성" 문제이다. 기독교인들은 독특한 자기 정체성을 갖는 것이 당연한 헌법적 권리라고 생각하지만, 힌두교도들, 특히 힌두 민족주의자는 "모든 인도인들은 고대로부터 내려온 힌두 문화와 전통을 중심으로

---

[17] 카스트는 예정되고 불변된 것으로 간주된다. 특별한 카스트에서의 출생은 사건이 아닌 한 사람의 전생에서 이루어진 행동의 자연스러운 결과로 본다. PCK 인도 선교회, 『PCK 인도 선교 30년, 회고와 전망』, 비매품, 148.

하는 공통 정체성을 놓쳐서는 안 된다"[18]고 주장한다.

3) 종교적 문제

인도는 힌두교와 불교, 그리고 자이나교, 시크교 등 4개 종교의 발생지이다. 그리고 기독교와 이슬람교, 조로아스터교(배화교), 유대교 등이 공존한다. 아래와 같이 기독교인의 인구는 전체의 2.3%에 불과하다.

표-2. 인도 종교 인구 추이(1951-2011)[19]

종교	연도별 인구(%)						
	1951	1961	1971	1981	1991	2001	2011
불교	0.74	0.74	0.70	0.70	0.77	0.77	0.70
기독교	2.30	2.44	2.60	2.44	2.32	2.34	2.30
힌두교	84.1	83.45	82.73	82.30	81.53	80.46	79.80
이슬람교	9.80	10.69	11.21	11.75	12.61	13.43	14.23
자이나교	0.46	0.46	0.48	0.47	0.40	0.41	0.37
기타/무교	0.43	0.43	0.41	0.42	0.44	0.72	0.90
시크교	1.79	1.79	1.89	1.92	1.94	1.87	1.72
조로아스터교	0.13	0.09	0.09	0.09	0.08	0.06	n/a

---

[18] Sebastian Kim, *In Search of Identity: Debates on Religious Conversion in India*, (New Delhi: Oxford University Press), 199.

[19] Office of the Registrar General & Census Commissioner. *"Population by religious community - 2011,"*

종교적 장애 요인은 다음과 같다.

첫째, 수많은 종교 사이에서 기독교의 위상 문제다. 인도인들에게 기독교는 보편적인 종교 중의 하나로 인식한다.

둘째, 비신자들은 자신들의 종교에 대한 우월성을 가지고 있다.

셋째, 인도 사회의 악습과 도덕적인 종교행위에 대한 기독교의 도전은 기독교가 사회의 분열의 근원이 된다고 의식한다.

넷째, 타종교는 무가치함으로 버려야 한다는 기독교의 공격적인 선교 방법으로 기독교에 대해 방어적인 자세를 갖고 있다.[20]

이러한 반응은 서구의 나라와 아시아 여러 나라를 지배했던 역사적 사실에 원인이 있다.

인도의 외적 장애 요소로 종교와 언어 그리고 계급, 물질 개종의 결과, 힌두교의 우월성을 전제로 한 종교 관용주의와 상대주의이다. 표면상으로 힌두교의 종교 관용주의는 "사람이 아무 종교를 믿어도 상관없다는 말이나 내용은 힌두교 이외의 종교는 필요 없다"[21]는 뜻이다. 이것은 실제로 기독교로의 개종을 거부하는 것이다. 힌두교도들은 힌두교에서 어떤 다른 종교로 아니면 역으로 어떤 사람을 개종시키는 것을 금지한다.[22]

---

20 하광진·박광희, "모든 종교가 만나는 곳, 인도," 『선교와 현장』제4집 (서울: 장로회신학대학교 세계선교 연구원, 1999), 91-94.
21 전호진, 『아시아 기독교와 선교 전략』, 208-212.
22 PCK 인도 선교회, 『PCK 인도 선교 30년, 회고와 전망』, 149.

4) 정치적 의도

정부는 종교적 중립원칙을 인정하지만 '중립성'이라는 말이 기독교인들의 활동이나 기독교를 믿게 하는 개종활동에 대해 "무장된 중립(Armed Neutrality)"[23]이라는 점이다[24]. 힌두교 민족주의자들은 모든 회심(conversion)이나 개종(proselytization)은 금지되어야 한다고 주장한다. 회심은 가정을 깨뜨리고 친족을 분리시키고 사회질서를 혼란시킨다고 생각한다.

기독교로의 개종은 힌두교에 대한 공격으로, 반국가적 의도를 가지고 있다고 받아들여[25] 정치적인 목적을 성취하기 위한 폭력 사용도 불사한다. 마하트마 간디는 "내가 힘을 가지고 있어 법을 제정할 수 있다면 모든 법 개정을 막아야 한다"[26]고 말했다.[27]

현재 인도는 국가적 차원에서 개종을 벌하는 법률은 없으나 총 29개 주[28] 가운데 6개의 주들이 1967년 이후 반 개종 법률을 제정하여 시행 중이다.

---

[23] Lord Balfour of Burleigh/ 김성욱 역, 한국연합선교회『선교와 정부』(서울: 미션아카데미, 2012), 46-57.
[24] 김은홍, "힌두권에서의 기독교 선교 전략,"「복음과 선교」제7권 2호 (2006): 67-69.
[25] PCK 인도 선교회,『PCK 인도 선교 30년, 회고와 전망』, 148-149.
[26] Ram Kumar Pendy, *Altitude Geography: Effect of Altitude on the Geography* (kathumandu: Sajha Parakasan ko Chhapakhana Lalipur, 1987), 38.
[27] Paul G Hiebert, "Missiological Issues in the Encounter with Emerging Hinduism," In *Missiology, An International Review*, Vol. XXVIII, No 1 (2000): 1.
[28] 연방정부 관할의 주까지 포함하면 36개 주이다.

표-3. 인도 반 개종 관련 주와 입법시기[29]

반 개종법을 시행 중인 주들	도 입 시 기
오디사 주	1967
마디야 프라데쉬 주	1968
차티스가르 주	2000(마디야 프라데쉬 주에서 분립)
아루나찰 프라데쉬 주	1978
구자랏 주	2003
히마찰 프라데쉬 주	2006
라자스탄 주	2006(주지사 미승인으로 미시행)
타밀나두 주	2002(무효화)

2002년 10월에는 개종을 시도하는 경우 인도 형법 295조 A항, 298조에 의거 다른 사람의 감정을 해칠 의도적 목적의 비방하는 범죄 행위로 규정하여 감옥형과 벌금형을 처할 수 있게 했다. 이로써 반 개종법이 제정되지 않은 여타 모든 주의 경우에도 형법 조항에 근거하여 개종을 시도하는 선교사, 전도자를 처벌할 근거를 갖게 되었다.[30]

---

[29] 김한성, "힌두권 반개종법의 환경 속에서의 선교," 「선교신학」 제49집 (2018): 145., 김창환, "인도 '종교자유법'에 대한 힌두교인과 기독교인들 간의 논쟁," 「선교와 신학」 제9집 (2002): 63-84.
[30] 진기영, 『인도 선교의 이해(Ⅰ)』, 74.

5) 경제적 경계

상류층은 기독교 사회봉사의 결실로 하층민 계층이 교육받고 개화되어 사회 모든 측면에서 경쟁 상대가 되는 것을 원치 않는다.[31]

이와 같이 인도 선교의 과제는 다양한 언어와 문맹률, 그리고 역사이해에 대한 지적 한계와 카스트로 대변되는 사회적 장벽, 그리고 위상에 따라 종교적 문제, 포용성 속에 감춰진 정치적인 의도, 경제적인 경계 등 선교의 한계를 극복하는 것이다.

---

[31] 조범연, "힌두권 변증적 도전과 선교 전략," 한국연합선교회, 『선교와 타종교』(서울: 미션아카데미, 2011), 95.

제3부

한국교회의 인도 선교

제1장 · 한국교회의 인도 선교 전략

제2장 · 한인 선교사의 인도 선교 역사

제1장

한국교회의 인도 선교 전략

　한국교회의 선교 전략은 전통적 방법으로 선교는 전도와 교회 개척에 집중함과 동시에 지역사회봉사에 집중해 온 전략이었다. 21세기 전후로 세계선교는 선교 현장의 문화와 종교에 직접적으로 관련되어 있음이 드러났다. 즉 상황화토착화며, 현지 문화와 종교의 체계적인 협력 사역이 미래 선교 전략으로 나타날 것이다.

　그러므로 먼저 한국교회의 선교 전략을 평가해 보고, 그 선교 전략이 인도 한인 선교사들을 통해 어떻게 정착되었는지 살펴봄으로 인도성결교회 전략을 분석하여 평가해 보고자 한다.

1. 한국교회의 선교 전략

한국교회의 선교 전략은 여러 가지가 있지만, 한국교회의 성장 배경의 제1원리가 되는 것은 삼자 원리다.

첫째, '삼자원리(three-self principles)는 한국문화의 토착화 선교 전략이다.

이것은 한국인의 문화를 배경으로 한 자립(self-supporting), 자전(self-propagating), 자치(self-governing)이다. 존 L. 네비우스(John L. Nevius)에 의해 소개되었기 때문에 네비우스 선교 정책이라고 한다.[1]

선교사들이 아무리 헌신과 사역해도 피선교지의 성도들이 스스로 복음을 전하고 교회를 세우려는 의지가 없다면 영원히 선교지로 남을 것이기 때문에 토착화는 선교의 기본 전략이 되어야 한다. 이것은 네비우스 삼자원리를 기반으로 하며 예전과 신학 등을 선교지 문화에 따라 비판적으로 수용해야 한다. 안타까운 것은 한국 선교사들의 삼자원리는 지금까지 한 곳도 성공한 곳이 없었다. 그러므로 삼자원리는 철저한 한

---

[1] 네비우스는 안식년을 맞아 미국으로 귀국하여 영국의 헨리 벤(Henry Venn)과 미국의 루프스 앤더슨(Rufus Anderson)에 의해 제시된 삼자원리에 기초한 토착교회 설립전략을 세웠다. 네비우스는 중국 산동지역으로 돌아가 자신의 사역에 적용하였고, 언더우드의 초청을 받아 1890년 열흘간 토론함으로써 한국 장로교 선교부의 선교 정책으로 받아들였다. 김은수, "한국교회 해외 선교 정책,"「한국기독교와 역사」(2008): 5-37.

국문화를 바탕으로 하였음을 알 수 있다.

둘째, 믿음 선교(Faith Mission) 전략이다.

믿음 선교의 출발점은 중국으로 허드슨 테일러(Hudson Taylor, 1832-1905)가 뛰어난 조직력과 친화력으로 노동자들과 함께 생활하면서 '중국내지선교회'(China Inland Mission: CIM)를 1865년에 출범시켰다. 이 '믿음 선교'(Faith Mission)는 복음을 전하기 위해 전적으로 하나님의 공급하심을 믿는 선교 전략으로 기성의 첫 번째 선교 전략 중 하나이다.

믿음 선교는 "모든 선교의 주권은 하나님께 있다"는 대전제로 시작한다. 선교는 외부의 지원에 절대적으로 의지한다. 그러므로 선교는 외부 지원에 따라 선교가 흔들리기 때문에 필요를 구하되 응답의 과정과 역사는 "전적으로 하나님께 달려 있다"라는 것이 선교의 기본 정신이다.

셋째, 대중(people) 선교 전략이다.

이것은 맥가브란에 의해 시작된 교회성장학파의 선교 전략에 근거한다. 지금까지 서구 선교사에 의해 개종된 사람들은 개인전도에 집중하였다면, 한국선교는 대중을 통한 공동체 중심의 선교 전략이다.

그러나 사람들이 속한 공동체의 결정권이 지도자나 개인 리더에 의해 좌우되기 때문에 이 선교 전략으로는 많은 사람들을 인도하는데 한계가 있었다. 그래서 가족과 씨족, 그리고 부족, 종족의 구성원들이 동시에 그리스도인이 되는 집단적이며 상호의존적인 개종 운동(people movement)이 필요하다. 이것의 근거는 '동질집단 원리'(homogeneous unit principle)이 통합적으로 필요하다. 이 원리는 복음에 대한 반응이 각 집단에 따라 다르기 때문에 수용성이 있는 집단에 우선권을 두는 대중(people) 선교 전략이다.

넷째, 에큐메니칼(Ecumenical) 통전적 선교 전략이다.[2]

에큐메니칼 통전적 선교 전략은 1952년 빌링엔 선교대회 이후 등장한 하나님의 선교(missio Dei) 신학에 근거한다. 예수교장로회 통합측 인도 선교부는 현지 교단과의 관계 수립을 위한 에큐메니칼 선교 전략의 기초 위에 다음과 같이 제안한다.

① 선교사 복무규정과 선교사 파송 시행세칙에 따라 인도로 파송되는 에큐메니칼 선교사는 총회에서 현지 동역 교단으로부터 동역자 초청장을 받아 파송하고, 타문화권 선교사는 인도 선교사회를 통해, 또한, 해외 한인 목회자는 인도의 해당 지역 한인 교회로부터 파송 요청서를 받아 파송키로 한다.

② 타문화권 선교사의 인도 사역은 현지 선교회를 통해 개혁 교회 전통을 가진 교단 및 선교 단체와 협력하여 사역을 할 수 있다.[3]

---

[2] 이 말은 헬라어의 '오이쿠메네(Oikoumene)'에서 왔고 한글로는 '교회일치'로 번역된다. 이 용어는 비셔트 후트(W. A. Visser't Hooft)에 의해 역사적으로 세 단계로 발전되었다. 그것은 오늘날 '교회의 전 세계적인 선교적 확장, 다수의 교회들과 기관들의 하나 됨과 관련된 희망을 표현하는 내용 혹은 태도'를 말한다.

[3] 2007년 4월 30일 제1차 인도 선교회 선교 전략 회의., PCK 인도 선교회, 『PCK 인

에큐메니칼 선교 전략을 수립하기 위한 요소들은 다음과 같다[4].

첫째, 탈교단주의가 필요하다.

해외 선교사를 지원하는 교회와 교단은 필요하지만 교단주의는 문제가 있다. 현장선교사들의 선교 협력을 위해 교단의 특수한 사역은 독립적으로 실행하되 교단을 초월한 다양한 협력들이 가능한 탈교단주의가 필요하다.

둘째, 탈문화우월주의가 필요하다.

오늘날 한국교회가 경제적 지원으로 해외교회를 지원함으로 그들을 지배하려고 하거나 한국식으로 교회를 운영하고 한국교인처럼 만들려고 하는 것은 문화우월주의에서 비롯된 것이다. 피선교지 교회의 문화적 특징을 이해하고 선교지에 적합한 기독교문화를 창조하도록 힘써야 한다.

셋째, 탈물량주의가 필요하다.

그동안 한국교회는 성장 일변도의 선교 전략으로 초대형교회와 프로젝트를 진행해 왔다. 일방적인 물량주의 선교 전략은 결국 현지 교회의 자립을 해치고 선교하는 교회로 성장하지 못하게 한다.

넷째, 탈식민주의가 필요하다.

'탈식민'(post-colonial)은 단순히 '독립 이후'(post-independence) 혹은

도 선교 30년, 회고와 전망』, 65.
4 김은수, "한국교회 해외 선교 정책," 『한국기독교와 역사』, 28-33.

'식민 이후'(after colonial)를 의미하는 시기적 구분이 아니라 식민주의를 벗어나려는 노력이다. 시대를 초월하여 파괴적인 영향력을 행사하고 있는 식민잔재에 대해 대항하는 탈식민 과정을 말한다.

따라서 '탈식민' 선교 전략이란 과거 정치적 식민지에서, 새로운 방식의 경제, 사회, 문화, 특히 고도의 지식 체계를 통해 식민지배에서 벗어나려는 총체적 노력 안에서 이해되어야 한다.

그러므로 한국교회의 선교 전략은 상황화된 선교 전략의 부족, 선교사들의 권위주의적 태도, 지나친 중복과 경쟁, 그리고 선교사 훈련 및 멤버 케어(Member Care) 시스템 구축이 미진했다.

앞으로 한국교회 선교 전략 수립을 위해 성경적 근거는 다음과 같다.

첫째, 선교사의 소명과 인격의 중요성이 강조되어야 한다.

선교의 성공여부는 외적 요인이나 전략보다 선교사의 소명과 인격에 좌우되기 때문이다.

둘째, 협력 사역이 중요하다는 것이다.

안디옥 교회는 바울과 바나바를 파송하여 팀 선교를 하도록 하였으며 그들이 마가 문제로 다투어 헤어진 후에도 다른 동역자들과 협력했다.

셋째, 도시 선교 전략 개발의 중요성을 인식해야 한다.

바울은 농어촌보다 문명과 상업의 중심지인 대도시의 주(province)에

교회를 설립하여 선교의 요충지로 삼았다.[5]

그러므로 "한국교회에서 요구되는 선교 전략"[6]은 네 가지로 정리될 수 있다.

첫째, 이론과 현장의 균형 전략이다.

신학적인 이론을 바탕으로 실제적으로 적용할 수 있는 질적인 접근법이나 전략적 차원이 이루어져야 한다. 이를 위해서 교단별 신학대학에서 선교에 관한 학과목의 설치와 운영, 그리고 학습 내용의 방안의 개발과 훈련 등을 제도화시키고 활성화시키는 교재 개발과 선교 현장에서 활용할 수 있는 매뉴얼의 개발과 공급이 있어야 한다.

세계화의 물결을 타고 있는 한국교회는 세계선교의 과제를 수행하기 위해 성경에 근거하고 상황에 적합한 선교학을 구축해 나가야 한다. 이 과정은 더욱 신실한 선교인력을 양성하여 현장의 자료를 분석하고 선교 현장에 적용하는 선교학화의 과정이 된다.[7]

현재 서울신학대학교와 기성 해외선교위원회가 협력하여 선교사 연

---

5   김다니엘, "성서적 선지자적 소명, 사명과 선교사적 소명, 사명의 의의,"「복음과 선교」제40권 (2017): 259-292 참조., 전호진, "성경에서 본 선교원리와 전략,"「복음과 선교」제1권 (1985): 100-101.
6   최원진, "세계선교 현황과 한국교회의 선교를 위한 전략적 제안,"「복음과 선교」제30권 (2015): 229-268., 김성호, "한국교회의 해외 선교를 위한 전략적 접근 방안에 관한 연구,"「로고스경영연구」12권 2호 (2004): 158-162.
7   최형근, "세계신학 최근동향; 현대 선교학의 동향-현대 선교운동을 중심으로,"「활천」605권 4호 (2004): 55.

장교육이 실시되고 있는 것은 이론과 현장의 균형에 적합한 제도이다.[8]

둘째, 통합적 지원 선교 전략이다.

한국교회는 준비된 선교 인력을 동원, 선발, 선별하여 훈련하고 파송하고 사역을 후원하는 통합적 지원 선교 전략이 필요하다. 이 과정에서 온전한 선교사 멤버케어가 이루어져야 한다.

교회 혹은 교단이 단독으로 수행하던 해외 선교의 관심을 현장 선교사들과 파송기관과의 전문적인 지식과 정보의 공유 및 충분한 소통으로 해외 선교에서의 시너지를 창출해야 한다.

특정 지역이나 국가를 대상으로 하는 지리적 또는 지정학적인 접근이 아니라 해외 선교를 직접적으로 계획하고 수행하여 그 결과를 평가하고 방향을 조정할 수 있는 조직이어야 한다.[9] 그리고 조직구성원의 권한과 임무, 그리고 기간 등을 새롭게 구성하고 실행하는 전략적 접근방안으로 이뤄져야 한다.

체계적인 멤버 케어 시스템을 통해 선교사가 총체적이고 다양한 선교방법을 시도하고 선교 현장에 맞는 훈련과정과 훈련 전문가가 되도록

---

8   기독교대한성결교회, "해외선교위원회 운영규정," 『헌법』(서울: 기독교대한성결교회 출판부, 2017), 198.
9   권인수, "교회의 자원 활용 방법이 교회성장에 미치는 영향," 『로고스경영연구』11권 4호 (2013): 209-210., 성태경, "예수 그리스도의 인성에 나타난 기업가 정신: 혁신자로서의 역할을 중심으로," 『로고스경영연구』11권 2호 (2013): 9-10.

양성해야 한다.[10] 선교사는 선교지에 가서 어떤 사역을 할 것인가에 대한 전략만을 세울 것이 아니라 어떤 모양으로 사역을 시작할지에 대한 입구전략과 어떻게 사역을 마무리할 것인가에 대한 출구전략도 함께 모색해야 한다.

셋째, 현지화 전략이다.

믿음과 열정으로 선교 현장으로 나가는 태도와 함께 현지에서의 토착화에 집중할 필요가 있다. 지난 과거에 기독교가 한국의 사회와 교육 및 문화에 끼친 빛나는 역사와 전통은 해외에서도 그 역량과 지도력으로 이뤄낼 수 있다.

한국교회는 정치적이거나 경제적인 방식으로 접근했던 방식을 지양하고, 선교지 문화를 이해하고 적용하려는 접근방법으로 그들과 동거하고, 그들의 문화를 공유하려는 노력을 기울여야 한다.[11]

넷째, 동반자 협력전략이다.

한국교회는 결과를 빠른 시간 내 얻으려는 공급자의 태도에서 동반자 협력관계로 발전되어야 한다. 지금까지 한국교회의 선교 전략은 물질적이고 가시적인 것들에 의존하는 경향이 있었다. 한국교회나 선교사들의 경우 해외지역이나 민족에게 복음을 전하고 가시적인 혜택을 제공하는 수여자나 공급자라는 인식부터 벗어나야 한다.

---

10 최원진, "세계선교 현황과 한국교회의 선교를 위한 전략적 제안," 238-244.
11 김성호, "한국교회의 해외 선교를 위한 전략적 접근 방안에 관한 연구," 157-158.

현지의 사람들이나 조직을 지원하고 돕는 자와 단체는 건축과 장기적인 프로젝트를 인력(manpower)이나 조직(organization)의 협조(cooperation)와 협업(collaboration)을 통해 공생하는 선교 정신이 전환되어야 한다. 그리고 서구교회와 비서구 교회의 협력, 선교 국가와 피선교국 교회의 협력, 본국 내 파송 단체와 교회 간의 협력, 교단 간의 협력 등을 위해 한국교회와 선교 현장에서 상호 양보와 인내가 필요하다.[12]

동반자 선교 전략은 무엇인가?

첫째, 선교는 파송교회와 선교사를 받아들이는 교회간의 상의와 협조로 이루어져야 한다.

둘째, 선교하려는 지역의 교회를 무시하지 않고 오히려 선교지에 있는 교회를 선교를 위해서 동역자로 인정하는 것이다.

셋째, 선교에 참여하는 모든 구성 요소 간의 협력을 선교에서 중요시 여긴다.

특히, 파송교회와 선교지 교회와의 협력을 중요시 여긴다. 동반자 선교는 파송교회와 선교지교회가 함께 협력하여 선교 과업을 이루어야 한다.

넷째, 선교협력체를 통한 연합 선교 체제를 중요시 여긴다.

선교에 동참하는 교회들, 교단들, 선교 기관들, 선교사들이 선교협의

---

12 최원진, "세계선교 현황과 한국교회의 선교를 위한 전략적 제안," 242-252.

체를 구성하여 상호 협력을 지향해야 한다. 이를 위해 두 종류의 선교 협의체가 필요하다. 하나는 선교 현장에서 선교사를 중심으로 한 선교 협의체이다.[13]

다른 하나는 선교에 참여하는 교회, 교단, 선교 기관들을 위한 국내 선교협의체이다. 즉, 피선교지 교회와 성도들은 선교사 또는 파송 국가나 선교 기관과의 상호 존중과 사랑의 협력관계가 되어야 한다.[14] 그리고 체계화된 선교, 저비용의 고효율의 선교, 함께 동역하는 선교를 지향해 나가야 한다. 이를 위해 계속적으로 한국교회도 글로벌 네트워크를 형성하고 협력해야 한다.[15]

다섯째, 종족 대상 선교 전략이다.

전통적인 선교방법에서 벗어나 창의적인 접근방법을 모색해야 한다.[16] 이제는 해외 선교의 대상을 지역이나 국가가 아니라 종족 선교 전략으로 변화해야 한다.[17]

---

[13] Ibid., 133-136.
[14] 박영환, "세계 선교의 대안적 방안으로 한국화(Korbalisierung)의 한국 선교," 한국연합선교회, 『한국 선교와 신학 교육』(서울: 미션아카데미, 2011), 41.
[15] Ibid., 252-260.
[16] 최원진, "21세기 선교 현장에 맞는 한국 선교사를 위한 선교훈련," 「복음과 선교」 제24집 (2004): 221-222.
[17] 김성호는 한국 해외 선교의 현황을 제시하며 그 문제점으로 해외 선교를 국내에서 선교를 후원하는 교회의 성장과 부흥의 수단 내지 방법으로 활용되고 있는 양상을 보여 준다고 말한다. 김성호, "한국교회의 해외 선교를 위한 전략적 접근 방안에 관한 연구," 155-156.

한국교회의 선교 전략의 긍정적인 특징은 "선교사 파송국가와 선교 현장의 중간 과정을 거쳐 왔기 때문에 피선교지의 입장을 이해할 수 있다"[18]는 것이다. 한국교회는 선교 현장 중심의 정책을 할 수 있는 기본 여건이 갖추어진 선교사 파송 국가가 되었다. 그러므로 피선교 경험이 있는 교회는 현장 중심의 선교를 할 수 있다.

한국교회는 전도와 교회 개척, 그리고 현지신학교 교육에 집중함으로 네비우스 선교 정책을 바탕으로 지도자 양성 중심의 선교 전략을 수행했다. 이것을 통해 현지 총회와 동역의 관계를 형성해 가며 다양한 문화와 종교영역에서 성장한 한국 선교사는 타종교영역에서 다양한 현장 중심의 선교를 하고 있다.

한국선교가 미래 선교의 대안이 되어야 하는 중요한 이유는 '교회 중심적인 선교'와 '목회를 기초로 하는 선교 정책과 전략,' 그리고 '복음 선포를 최우선과제로 하는 선교,' '죽으면 죽으리라 하며 나가는 선교사명'의 4가지를 과감하게 이론화하며, 서구 선교의 대안으로 발표된다면, 선교신학의 전개를 통해 반세계화, 지역 특성화 선교가 나올 수 있다.[19] 또한, 현지 사역자도 지도자로 세워, 스스로 자립하는 교회로 전환시켜 간다면,

---

[18] 박영환, "세계선교의 대안적 방안으로 한국화(Korbalisierung)의 한국선교," 「선교신학」 24집 하권 (2010): 22-25.
[19] Ibid., 29.

한국 선교는 목회형태의 선교로 발전해 가야 할 것으로 보인다.[20]

2. 한국교회의 인도 선교 전략

한국교회의 인도 선교가 긍정적인 영향을 미치고 있는 것은 기도와 교회 개척과 교회성장이 기본이 되는 영성이다. 그리고 한국교회의 복음적 신앙이 인도신학과 신학 교육기관에 도전을 주고 있다. 그리고 한국 선교사들이 신학교육과 제자훈련, 그리고 대학생성경공부, 어린이와 청소년 사역, 그리고 교회 개척 및 학교 사업, 사회봉사 등의 분야에 자리를 잡고 있다. 디아스포라 선교사들이 한인관리와 더불어 인도 선교의 전초기지 역할을 하고 있으며 인도 교단과의 협력 사역을 진행하는 중에 있다[21].

그러나 한국교회 인도 선교의 기본적인 과제는 일부 교파주의와 교단주의를 양성하고, 수준 이하의 신학 교육 기관을 양성했으며 선교사들의 대부분이 인도 기독교 상층부와의 소통이 잘되지 않으며 언어 능력과 교양, 인격에 의구심을 갖게 한다. 이것이 현지 사역자들 간의 경쟁

---

[20] 박영환·신동호, "애산 김진호 목사의 설교에 나타난 목회적 선교의 이해와 접근," 현대목회연구소 편, 『애산 김진호 목사 연구』(부천: 서울신학대학교출판부, 2015), 254-311.
[21] PCK 인도 선교회, 『PCK 인도 선교 30년, 회고와 전망』, 157-158.

을 통한 불협화음을 만들고 인도 사역자들로 하여금 자립하지 못하고, 경제적으로 의존하게 하는 선교라는 평가를 받기도 한다. 그리고 인도에서 도시선교, 상위 카스트 선교, 전문인 그룹 선교가 거의 전무하다는 점은 한국 선교사들의 한계다.[22]

한국교회 인도 선교의 발전적 방안으로 영어에 능통하고 인도 교단 관계자들과 교류할 수 있어야 한다. 또한, 인도를 진정으로 사랑하고,[23] 존경하는 선교사, 인도의 주류 신학교에서 강의할 수 있는 전문가가 필요하다. 그리고 인도의 주류교단에서 근무할 수 있는 중개인 역할로 한국교회와 인도교회를 연결할 수 있는 선교사를 요청하고 있으며 인도 선교를 위해 선교사를 훈련하고 준비시키는 전문 기관이 세워져야 한다. 즉, 선교사와 원거리에 세워진 지교회의 현지인 사역자들 간에 이루는 원심적 파트너십, 공동의 목표를 이루기 위해 집결하는 선교사들 간의 구심적 파트너십 그리고 선교사들이 서로를 지원과 격려하는 네트워크를 활용해야 한다.[24]

한국교회의 인도 선교 전략 과제는 다음과 같다.[25]

---

[22] Ibid., 158.
[23] *Edinburgh Conference Report*, Vol. IX, London, 1955, 315.
[24] 장화경, "선교 현장에서 요청되는 선교사의 다양한 리더십: 브라질의 한국 선교사를 중심으로," 한국연합선교회, 『선교와 영적 지도력』(서울: 미션아카데미, 2011), 65.
[25] 진기영, "2008년 인도 오릿사 기독교인 박해와 향후 선교적 과제,"「선교신학」제20집 (2009): 138-140.

첫째, 종교 연구 선교 전략을 가져야 한다.

힌두교 및 힌두 민족주의 이해의 폭을 넓혀야 한다. 선교사는 현지인의 신앙의 문화에 대해 무엇이 잘못되었다고 성급하게 가르치고 비난하기 전에 현지인들이 어떤 신앙과 문화를 가지고 있는지 연구해야 한다.

종교로서의 힌두교를 존중하고, 힌두교 경전 등에서 나타난 개념들을 기독교적 교리로 해석해 주는 노력들이 필요하다. 고무적인 일은 한인 선교사대회 격년제로 열리면서 초기에는 선교사들 간의 선교 정보 교환과 영성 고양, 친교에 중점을 두었지만, 2006년 캘커타대회부터 주제가 있는 모임으로 개최되었다.[26] 또한, 힌두교 이해에 대한 서적들이 출간되고 있다.

둘째, 가시적 선교 전략이 필요하다.

진기영은 "선교지에서 폭력 사태 등이 발생하면 선교사와 신자들의 생명과 재산과 사역, 모든 것을 일순간에 잃을 수가 있다. 그리고 신자들의 갈등의 소지를 만들지 않으면서 선교하는 것이 최상의 방책이다. 이를 위해 가시적이고 전시적이며 프로젝트 위주의 선교활동을 지양하고 개인전도와 가정교회 개척에 힘쓰고[27] 교회를 건축해서 교회 건물 중

---

[26] 2006년 캘커타대회는 인도 선교 전략 개발, 2008년 벵갈로르대회는 선교사들 내부적인 사역협력, 2010년 델리대회는 대내외 협력 사역을 위한 파트너십을 주로 다루었다. 전인도 선교사회 연구위원회, 18.

[27] Christopher S. Raj, "Communalism: Options and Responses," F. Hrangkhuma & Sebastian C. H. Kim, *The Church in India: Its Mission Tomorrow* (Delhi: ISPCK,

심으로 활동하기보다 가정과 삶의 현장에서 예배드리고 증거하고 생활함으로써 가장 효과적인 복음의 증거가 이루어진다"[28]고 주장한다.

그러나 이것은 이론에 치중한 근시한적인 선교 전략이다. 선교 초기에 이슬람권과 사회주의권, 그리고 미전도 종족이 많은 지역에서 가정과 작은 규모의 모임으로 가능하지만 인도는 가시적인 상징물의 의미가 지대하다.[29] 위기 순간에 건물 등이 공격의 대상이 된다는 것은 역설적으로 상징성이 있다는 것이다. 오히려 시골과 도시, 지역적인 상황에 맞는 교회 건축과 기독교관련 건물의 설립이 필요하다. 힌두 사원들은 거대하고 웅장함에 비해 기독교 건물들은 낡고 크지 않음으로 기독교의 수준과 영향력을 낮게 평가하는 경향이 있다. 그러므로 오히려 가시적 건물들을 통해 기독교의 위상을 세울 필요가 있다.

셋째, 교류 협력 선교 전략이다.

이러한 전략은 초기 인도 선교에서도 나타났다. 그 특징은 다음과 같다.

① 선교국에서 피선교국으로 향하는 단 방향 선교이다. 선교사를 파송한 교회와 선교를 받는 교회와의 협력과 교류가 강조되기보다 선교

1996), 33.
[28] 진기영, "2008년 인도 오릿사 기독교인 박해와 향후 선교적 과제," 140-141.
[29] 안희열, "한국교회의 타문화권 선교에 대한 평가와 제안,"「선교와 신학」제31집 (2013): 275-276.

사가 선교지에 일방적으로 전달하는 것으로 선교를 이해하는 것이 일반적 상황이었다.

② 선교 교회와 피선교 교회간의 교류와 교제가 극히 제한적이었다. 교통과 통신 수단의 미비, 계속되는 생명의 위협 등으로 대표되는 시대적 한계를 통해 선교는 전적으로 극소수의 선교사들에게 위임되었다. 지금은 통신의 발달로 현장의 상황을 보고 받고 동시에 대응할 수 있는 시대이다.

③ 선교대상의 다변화 전략이 요청된다. 인도 선교의 성공 중에 하나는 재정 자립을 돕는 일이다. 인도교회가 자립이 안 되는 근본 이유 중의 하나는 자립이 불가능한 불가촉천민만을 선교 대상으로 하기 때문이다. 이러한 접근은 최근 인도 선교 전략으로도 부상하고 있다. 진기영은 "한인 선교사들의 선교대상이 하층민을 위한 사역에 집중되어 있다"[30]고 본다. 사역의 대상을 시골의 천민으로만 할 것이 아니라 도시의 일반인과 상류 사회의 사람들을 선교 대상으로 할 필요가 있다.[31]

④ 선교 지역의 다변화 전략이 필요하다. 시골, 천민 중심의 선교 지역과 선교대상을 도시와 상층민 힌두 선교로 전환해야 한다. 그 이유는

---

[30] 진기영, "2008년 인도 오릿사 기독교인 박해와 향후 선교적 과제," 142-143.
[31] 안영권, "21세기 선교 전략 모색을 위한 선교 역사 고찰,"「신학과 선교」제4호 (2000): 107-137.

지정카스트와 지정 부족, 그리고 다른 낮은 카스트에 거의 모든 선교사와 재정이 배치되어 있기 때문이다. 인도 사회의 주류인 힌두들에 대한 선교, 상층 카스트 선교를 위해 도시 선교가 필요하다.[32] 선교는 낙후된 시골 지역뿐만 아니라 고도로 발달 된 도시에도 복음을 전하는 선교 지역의 다변화가 필요한 것이다.

한국교회의 인도 선교 전략은 적합한 상황화로서의 문화접근과 체계적인 협력 사역의 극대화 전략으로 정리할 수 있다.

첫째, 적합한 상황화로서의 문화 접근 전략이다.

지역적 특성을 지니면서도 보편적인 타당성을 함께 갖는 글로칼(glocal=global+local) 선교신학적 패러다임이 요청된다. 선교 역사학자 앤드류 월스(Andrew Walls)는 성육신을 설명하면서 하나님이 한 인간이 되셨지만 특수한 문화 속에서 특별한 역사적 인간이 되신 것을 잊지 말아야 한다고 했다. 즉 우리의 선교적 사역은 보편적인 진리를 전하는 것이지만 특수한 역사, 문화적 상황 속에서 전해져야 한다.[33]

글로컬한 패러다임을 세우기 위해 다음의 세 가지를 고려해야 한다.

---

[32] Ibid., 143-144.
[33] 전인도 선교사회 연구위원회, 245-246.

① 성경의 본질에 헌신하는 선교 패러다임이다.

우리가 각기 언어로 된 성경을 가지고 있지만 그 내용은 전 세계적으로 동등하다. 성경의 내용에 분명한 근거가 없이는 그 어느 것도 신학이 될 수 없고, 그 어느 선교 사역도 성경에 근거를 하지 않고서는 선교가 될 수 없다.

② 보편적인 협력에 근거한 선교 패러다임이다.

예수 그리스도를 땅 끝까지 전하기 위해서는 지상의 모든 교회들이 합력하고 서로 도와야 한다. 주 예수의 이름으로 진정한 에큐메니즘을 실현해야 한다. 이를 위해 사도신경과 니케아 신앙고백과 같은 본질적인 것에 있어서는 상호 간에 일치를 주장할 수 있으나 의전이나 예식 등 비본질적인 것에 있어서는 양보를 통해 모든 교회와 성도들이 서로 힘을 모아야 한다.

③ 교회 공동체가 선교 사역에 있어서 창조성을 발휘하는 선교 패러다임이다.

교회가 지역사회 속에서 선교활동에 부딪치는 주제와 이슈들이 선교신학에 반영되어야 한다. 새로운 상황의 도전은 교회의 깊은 해석학적 고민과 창조적인 응답을 요청한다.

둘째, 체계적인 협력 사역의 극대화 전략이다.

윌리암 캐리와 조슈아 마쉬맨, 윌리암 워드는 한 팀을 이루어 35개 언어로 성경을 번역하였고 사회에 필요한 사전과 문서들을 출판하였다. 아시아 최초의 개신교 대학인 세람포르대학과 함께 100개의 학교를 설립하였고 수많은 사회 운동을 벌이기도 하였다. 이러한 선교 결실은 선교사들의 팀 사역이 있었기 때문이다.

한국 선교는 개 교회 혹은 개인 선교사 중심의 사역을 속히 탈피하여 각 선교회 별로, 또는 지역별로 팀을 구성하여 보다 효율적이고 낭비를 없애는 선교를 실천해야 한다.[34]

한국 선교는 팀 사역을 통해 이미 교회가 설립되어 있는 지역을 넘어 미전도 지역과 미전도 종족 선교를 체계적이고 전략적으로 실천해야 한다. 인도는 2천 년의 선교 역사에도 2/3의 지역은 아직도 복음 활동에 자립이 되지 않은 상황이다. 2,600여 종족이 인도에 살고 있고 그중에 2,200여 개의 종족은 미전도 종족으로 남아있다. 세계에서 10만 이상의 미전도 종족 630개 가운데 310개의 미전도 종족이 인도에 있다. 선교사의 기본적인 부름은 미개척 지역과 미전도 종족을 향한 교회 개척이라고 할 수 있다.[35] 한국 선교는 사역지에 안에 있는 미전도 지역과 미전도 종족에 대한 연구와 접촉을 병행하면서 모자이크식의 체계적인 사역을 서로 연결해 볼 수 있어야 한다.

---

[34] Ibid., 253.
[35] Ibid., 253-254.

제2장

한인 선교사의 인도 선교 역사

　기성은 한국교회가 인도에 선교사를 파송하기 전에 선교한 최초의 교단이다. 기성 해외선교위원회는 1977년 교단 창립 70주년에 조직되어 1978년부터 인도에 선교사를 파송할 수 없는 상황에도 미자립교회 목회자를 위한 생활비와 교회 건축을 지원하고 인도 교역자 및 지도자 초청 교육사업을 추진했다.

　인도 한인 선교사회는 격년제로 초교파 "한인 선교사대회"[1]를 개최하여 상호 간의 유대와 협력 그리고 친화를 가능하게 한다. 2012년에 인

---

[1] 윌리암 캐리는 여러 교파에서 파송된 선교사들이 함께 모여 선교지의 여러 문제를 협의하고 협력해야만 선교 사업은 진행될 수 있다고 하여 초교파 선교사대회의 필요성을 제안했다. 변창욱, "1910년 에딘버러 세계선교사대회 평가: 10세기의 지역별 선교사대회를 중심으로," 한국연합선교회, 『에딘버러 세계선교사대회의 회고와 전망』(서울: 미션아카데미, 2011), 162-205.

도 선교 30주년을 맞이하여 '한국교회 인도 선교 백서'를 발간한 바 있다.[2] 한인 선교사들은 주님의 지상명령에 순종하여 1982년부터 다양한 선교적 접근을 시도하였다. 그동안 한국 선교사들은 주로 개인을 대상으로 한 제자훈련과 교회 개척 사역 그리고 신학교, 의료, 문화, 교육, 스포츠, 비즈니스 등으로 사역했다.[3]

또한, 그들은 한국의 근면과 성실함이 묻어나는 가나안농군학교와 기존의 제자훈련의 접목, 협력과 섬김을 중심 선교 가치로 인식하고 인도 교회와 선교단체와의 협력과 연합을 하려는 운동, 그리고 중보기도운동 등 한국적 영성을 기초로 하는 새로운 영적운동과 선교 전략으로 창의적인 대안을 제시한다[4].

---

[2] 인도에 시작된 한국 선교의 역사를 정리하고, 후배 선교사들을 위해 선배 선교사들의 간증과 시행착오를 나누고, 한국교회와 선교단체에 인도 선교의 전체 그림을 제시할 목적으로 발간되었다. 전인도 선교사회 연구위원회, 『인도 선교 백서』, 7.
[3] 곽야곱, "인도의 종교와 철학을 바탕으로 한 선교 전략 제안," 전인도 선교사회 연구위원회, 234.
[4] 전인도 선교사회 연구위원회, 9.

1. 한인 선교사의 정착과 전개 과정

한국교회의 인도 선교 역사는 1980년-1990년을 교단 파송 중심의 초기 선교의 시기를 제1기, 1990-2000년을 파송교회의 선교역량의 확대와 선교사 개인의 헌신이 강조되는 중간기를 제2기, 그리고 2000년대 이후를 사역 전문화 내지 특성화 그리고 선교사의 수적 증가가 두드러진 제3기로 구분한다.[5]

초기 제1기에는 선교사들의 훈련과 전문화 부족으로 선교지에 대한 충분한 이해와 계획된 선교 전략을 이행하지 못했다.

최초의 인도 파송 한인 선교사는[6] 영락교회에서 1980년 11월에 파송 받은 김영자 선교사로 1982년 7월 24일에 첸나이로 입국했다. 그녀는 기성 선교국장 임철재 목사에게 보낸 편지[7]에서 캉가얌 마을에서 선교하고 있음을 보고했다.[8] 그리고 전도자 양성과 농업을 위한 보조, 그리고 퀸즈한인교회의 지원으로 야간학교 설립, 홀트 아동복지회와 협력으로 고아원 설립, 나병환자촌 건립, 교회 건축 사역에 대한 계획 등을 보고했다.[9]

---

[5] Ibid., 16-17.
[6] PCK 인도 선교회, 『PCK 인도 선교 30년, 회고와 전망』, 22.
[7] 1983년 6월 18일.
[8] 기독교대한성결교회 해외선교위원회, 『인도 김영암 선교사 선교 보고 자료모음집』 (서울: 기독교대한성결교회, 1992. 7. 26.)
[9] Ibid.

이후 정윤진 선교사가 1980년 12월 2일 예장총회(합동)소속으로 아프리카리비아 선교사로 파송 받아 사역하던 중에 1984년에 뭄바이에서 선교했다. 이용범 선교사는 1985년에 첸나이, 1987년 백종태 선교사가 UBS(Union Biblical Seminary)에 최초 한인 유학생으로 입국하여 1988년 뭄바이에 한인교회를 설립하고 직접 선교를 시작했다. 1987년 10월에 UBS 소속의 이중훈 선교사와 1989년에 UBF의 김도영 선교사가 델리에, 1월에 예수 전도단 소속의 이정미 선교사가 벵갈로르에, 3월에 김정식 선교사가 하이데라바드에 정착한다.[10]

제2기에 파송된 선교사들은 주로 지역 교회의 선교열정과 선교사 개인의 복음에 대한 헌신과 열정이 돋보인다. 이 시기에 선교사의 수는 점진적으로 증가했으나 복음이 절실한 곳에 사역을 접근하기 보다는 도시 중심의 선교에 우선했다.

2000대 이후 제3기 선교 사역의 형태는 독립 선교보다는 팀 사역, 현지 교단과의 협력 선교, "특성화된 사역"[11] 등을 시도하고 있다.

---

[10] 전인도 선교사회 연구위원회, 16.
[11] 교육, 스포츠, 기술, 문화, NGO 그리고 비즈니스 사역 등이다.

표-4. 인도 한인 선교사 현황(2001)[12]

구분	지역	교 단					합계
		예장합동	감리교	기성	기타 장로교	기 타	
남부 인도	벵갈로르	12	1	0	10	4	27
	첸나이	2	0	0	1	5	8
북부 인도	뉴델리	6	4	0	8	14	32
동부 인도	캘커타	4	1	0	5	4	14
서부 인도	뭄바이	1	3	0	2	5	11
중부 인도	뿌네	2	0	1	0	0	1
합계		25	9	1	26	32	93

기타(침례교, 순복음, CCC, YWAM, OM, 바울선교회, 한사랑선교회 등) 인도 한인 선교사 현황을 2001년과 2016년 12월 말과 비교하면, 2001년도에 총 93명이었던 선교사의 수가 1,005명으로 증가했다.

---

[12] 기독교대한성결교회 해외선교위원회, "인도 김봉태 선교사(1999.4-2001.8)," 「선교사 자료집 4호 (베트남, 싸이판, 이스라엘, 인도)」(서울: 기독교대한성결교회 해외선교위원회), 145.

표-5. 한국 10대 파송국가 선교사 현황(2016)[13]

번호	국가명	사역 단체 수(개)	전체 선교사 수(명)
1	동북아 X국	154	4,089
2	미국	79	2,473
3	필리핀	90	1,644
4	일본	84	1,507
5	서남아 I국	86	1,005
6	태국	66	890
7	캄보디아	80	795
8	동남아 I국	58	793
9	러시아/연해주	61	650
10	T국	60	613
전체 선교사 수			28,395

2. 한인 선교사의 선교 전략 유형

인도에서 한인 선교사의 선교 전략은 세 가지 형태라 할 수 있다. 대부분이 교회 개척과 협력 선교, 그리고 지도자 양성이다.

---

[13] https://kwma.org/tg_0102/11229KWMA(2018년 10월 1일 접속).

1) 교회 개척 선교 전략[14]

한인 선교사들은 가장 많이 교회 개척 사역에 참여하고 있다. 교회가 필요한 지역을 정탐하고 교회 개척이 필요한 곳에 사역자를 세우고, 초기에 목회자의 생활비를 지원하고, 자립하도록 돕는다. 동시에 목회자 목회훈련과 지도력 훈련을 병행하여 자립이 가능하게 되면 생활비 보조를 중단하고 목회자 훈련만 지속하는 것이 일반적인 형태이다. 그리고 신학대학 또는 지도자 훈련원을 통해 배출된 제자들을 교회 개척자로 파송한다.

또 다른 형태는 철저하게 현지 교단과 협력하여 개척하는 것이다. 선교사는 현지인들에게 교회 개척과 목회지도력을 배양시키고 교회 개척 이후의 관리는 현지 교단의 지도력 아래 두는 방식이다. 인도 자체의 선교단체들도 이와 같은 전략을 실행하여 내국인 사역자들이 자기 문화권을 넘어 다른 문화 영역, 즉 남인도에서 북인도로 파송하여 교회를 개척하는 자국인 선교사 운동(Native Missionary Movement)을 전개하고 있다.

---

[14] 조준상 선교사는 자신의 선교를 평가하면서 선교사가 먼저 현지 적응과 언어 훈련을 하고 그 후에 전도를 하고 교인이 많아져서 교회를 지을 필요성을 느끼면 그 때 대지를 구입하고 건축하라고 한 것을 잘못된 선교교육으로, 로만 가톨릭 단체들이 여러 곳에 대지를 구입하여 지금은 재정의 문제없이 건물을 짓고 원만하게 사역하는 것과 같이 먼저 대지를 구입하는 것이 효과적이라고 역설한다. 이 같은 주장은 한국교회와 선교지의 상황에 현실적인 장벽이 있지만 선교 전략을 세우고, 그 전략에 따라 실천해야 한다는 것을 역설적으로 보여준다. 전인도 선교사회 연구위원회, 66-67.

공동체 운영을 통한 전도와 지도력 육성 사역에 관여하는 선교사들은 인재 양육에 중점을 두고 교회 개척에 참여한다. 그리고 신학교 운영을 통해 인도 복음화에 필요한 건강한 현지 지도자 및 건강한 교회를 세우기 위한 선교 지향적인 신학생들의 양성을 우선과제로 삼고 사역하기도 한다.

2) 한인교회와의 협력 선교 전략

예수 그리스도와 사도들의 선교 전략으로 예수님은 먼저 "잃어버린 이스라엘"(마 15:24; 10:5𝑓𝑓)[15]을 찾았고, 바울과 바나바는 먼저 유대인과 다음에 이방인을 찾았고(행 13:46-47), 특히 이방 도시 상업 지역에 사는 유대인 디아스포라들을 선교 대상으로 삼아 하나님의 선교(*Missio Dei*)의 도구가 되었다.[16]

하버트 케인은 "디아스포라의 종교 생활은 첫째, 회당 제도였고 둘째,

---

[15] 노윤식은 한국성결교회의 선교 전략을 세 가지로 제시한다. 북한동포를 비롯한 한민족 디아스포라에 우선적 관심을 같는 "메시아적 전략"(messianic strategy)과 시대의 상황과 문화에 적합한 기독교 공동체 문화 운동의 활성화를 통한 "상황과 문화 전략"(contextualized cultural strategy), 선교 정책이나 전략에 있어서 선교학자, 선교부, 선교사, 현지 지도자 등이 모인 협의체에서 의견이 다양하게 참조되어지는 "상호 동반자 전략"(partnership strategy) 등이다. 노윤식, "새천 년을 향한 한국 성결교회의 선교 정책과 전략," 「성결교회와 역사」1권 (1999), 142-146.

[16] Wilbert R, Shenk, "Mission Strategies," In *Toward the 21st Century in Christian Mission*, ed. by James Phillips and Robert Coote (Grand Rapids. MI: Eerdmans, 1993), 221.

안식일 성수였고 셋째, 성경의 헬라어 번역이었고 넷째, 유일신교의 개념이었고 다섯째, 건전한 도덕 생활이고 여섯째, 대망의 구원자에 대한 약속을 믿는 것이었다. 이러한 생활은 이방 세계에 살고 있는 자들이 기독교 선교의 교량이 됐다"[17]고 주장한다.

첸나이한인교회는 김영자 선교사에 의해 1982년에 설립되어 현재 이면재 목사가 MI-300(Mission India 300), 2030년까지 한국인 선교사 30가정-60명, 현지인 사역자 120가정-240명을 파송, 후원, 협력한다는 선교 전략을 가지고 사역하고 있다.

뭄바이한인교회는 1988년에 평신도였던 백종태 선교사에 의해 설립되어 감리교(Methodist Church in India, MCI)와 초창기부터 긴밀하게 협력하여 슬럼가 교회 개척, 어린이학교, 직업학교, 무료의료원을 개설하여 교회가 스스로 자립하도록 크리스천 커뮤니티개발에 역점을 두고 사역하고 있으며 뿌네 인근 탈레가온 지역에 학교와 공동체개발센터(Community Development Centre)를 통해 직업 교육을 실시해 나가고 있다.

델리 임마누엘교회는 1995년에 김광선 목사에 의해 설립되어 차세대 크리스천 리더를 양성하는 '두란노 아카데미'와 40여명의 목회자 자녀들의 학비를 지원하는 '두란노 장학회,' 인도 목회자 훈련원인 '설교 아카데미' 그리고 파트나지역에 '파트나 아킬풀 임마누엘 종합 프로젝트'

---

[17] J. Herbert Kane/ 김명혁 편역, 『선교의 성서적 기초』(서울 : 성광문화사, 1997), 64-68.

를 협력지원하고 있다.

뿌네한인교회는 1998년 김봉태 선교사에 의해 설립하여 지역목회자와 한인 선교사들을 재정적으로 후원하고, 지역 슬럼가에 사회활동을 통해 사역하였다. 2005년부터 이병성 선교사가 후임으로 사역하면서 인도성결교회(Evangelical Church of India, ECI)와의 협력을 확대하여 교회 건축과 신학교 지원을 하였고, 발세와 학교[18]와 협력하여 현지에 직접 선교를 확대하였다.[19]

인도의 한인교회는 목회자들이 대부분 선교를 목적으로 온 목회자들이다. 한인교회는 인도 선교의 중요성을 인식하면서 선교사를 격려하고, 거주와 비자거부 등의 위기가 발생할 때에 한인교회 구성원들을 통해 보호하는 역할을 한다. 그리고 현지인과 선교사의 중재와 연결, 그리고 선교협력을 통한 선교 동반자 관계로 나아가고 있다.

선교에 대한 한인교회의 장점은[20] 먼저 선교지를 확보하지 않아도 된다. 그리고 재정적인 어려움을 한인 교회들이 충당할 수 있다. 그리고 어려운 언어를 급히 배우지 않아도 된다. 그리고 선교[21]을 위해서 재정

---

[18] 이병성, 「이병성 선교사 선교종합 분석자료집」 (미간행 인쇄물, 2012), 62-68.
[19] 전인도 선교사회 연구위원회, 27-28, 82-89, 92-99, 146-151, 178-185. PCK 인도 선교회, 『PCK 인도 선교 30년, 회고와 전망』, 93-96, 99-103.
[20] 이태웅, 『한국교회의 해외 선교』(서울: 죠이선교회출판부, 1997), 214.
[21] 백운영, "해외 한국교회의 선교," 한국연합선교회, 『한국 선교와 신학 교육』(서울: 미션아카데미, 2011), 157.

적 지원 없이도 자비량 선교 사역을 감당할 수 있고, 그 나라의 환경과 입장을 공감하고 이해하여 소외되고 방치된 사람들에게 쉽게 다가갈 수 있다.

약점은 교인들의 영적 훈련과 성숙보다는 현지인들에 대한 관심과 지원이 집중되는 약점을 가지고 있다. 그럼에도 한인교회가 선교의 발판이 되어 선교지 확장의 교두보가 마련되고 자체적으로 선교사를 파송하거나 선교사 역할을 감당할 수 있다.

3) 인도 선교 단체와의 협력 선교 전략

한국선교공동체와 인도 현지 교단과의 협력관계에 대한 사업으로 전인도 선교사회는 인도 선교협의회(India Mission Association, IMA)[22]와 선교 정보 교환, 상호 인적 교류, 공동 프로그램을 협동하여 실행하고 있다[23]. 이 창의적 선교 사역으로는 어린이 및 청소년 사역과 비즈니스 선교로 선교를 돕기 위한 보조 수단이 아니라 비즈니스를 통한 직접 선교를 개

---

[22] 258개 단체 가입. https://www.imaindia.org/#ima-vision-city(2018년 11월 22일 접속).
[23] 2007년에 첫 공식 모임을 하이데라바드에서 갖고, 파트너십 위원회는 미조람장로교단과의 협력과 지역별 협력 기반을 구축하고, 4개의 분과(교회 개척, 이슬람, 비즈니스선교, 어린이 청소년 사역)을 두어 영역별로 협력을 실행하였고, 2011년에는 인도 선교포럼을 가졌다. 전인도 선교사회 연구위원회, 28-29.

념으로 전환하여 '선교로서의 비즈니스'(Business as Mission)를 지향한다.[24]

인도 선교협의회[25]는 1977년에 설립되어 220개가 넘는 선교단체가 거의 5만명의 일꾼들을 자국 선교사로 파송하고 있다. 인도 선교협의회의 특화된 네트워크는 인도 선교의 필요성과 도전을 알리는데 도움을 준다. 이러한 네크워크에는 네어버스(Neighbors, 무슬림 친구) 네트워크, 반드 세바(Bandhu Seva, 힌두 친구) 네트워크, 도시 목회 네트워크, 성경번역과 문맹 퇴치 네트워크, 맴버케어(Member Care) 네트워크 등이 있다.

선교의 패러다임은[26] 개척(Pioneering)에서 협력으로, 인적자원에서 관계로, 전략에서 공동상승으로 전환발상이 되어야 한다. 아울러 인도교단과의 교류와 협력은 기독교대한성결교회와 인도성결교회가 지속적으로 계속하고 있으며, 대한예수교장로회 통합측의 선교비전과 정책[27]에 따라 남인도 연합교회(CSI)와의 협력관계를, 뭄바이 한인교회와 감리교 선교사들을 주축으로 인도 감리교단과의 협력, 인도복음선교회를 통한 북인도 연합교회(CNI)와의 협력이 진행되고 있다.

---

[24] 전인도 선교사회 연구위원회, 30-31.
[25] 인도 선교협의회는 인도 전역에 복음을 가지고 나아갈 수 있는 협력 회원단체를 네트워크화 하는 일, 선교단체와 현지 일꾼 사이에서 효과를 극대화하는 일, 그리고 인도 다른 지역에서 온 인도 그리스도인들과 연합을 추구하는 일을 하고 있다. 더 나아가 한국한인 선교사와도 협력관계를 유지하고 있다.
[26] 백종태, "효과적인 인도 선교를 위한 한국선교의 역할," 「KMQ」 42호 (2012): 84.
[27] PCK 인도 선교회, 『PCK 인도 선교 30년, 회고와 전망』, 12., 박영환, 『선교 정책과 전략』(인천: 도서출판 바울, 2005), 264.

4) 지도자 양성 선교 전략

신학교 운영 사역은 인도 복음화에 필요한 건강한 현지 지도자 및 건강한 교회를 세우기 위한 선교 지향적인 신학생들의 양성을 우선 과제로 삼는다. 신학대학 운영은 1988년에 뱅갈로르에 아시아 복음신학대학을 설립, 운영하는 정윤진 선교사, 1993년에 뱅갈로르에 목회자 훈련원으로 시작하여 코알라 지역의 코린 신학대학(KORIN Theological Seminary)를 세운 이기섭 선교사가 있다.

그리고 카르나타카(Karnadaka) 주의 새생명 신학교를 세운 김대균 선교사, 현지 지도자로 장로교 합동측에서 파송 받고 벵갈리(Bangali)어 과정으로 장로교 개혁 신학대학을 설립한 캘커타의 노수길, 2000년 목회자 훈련으로 시작하여 2001년에 퐁디 셰리(Pudu Cherry)에 안디옥신학대학을 설립한 국승호 선교사가 있다.

또한, 전략적인 목적에 따라 네팔, 티벳, 방글라데시 그리고 부탄 국경이 인접한 히말라야의 관문인 실리구리에서 열방신학대학을 설립한 조동욱 선교사 등이 있으며 이들 신학대학들은 아시아 신학연맹 회원학교로서 신학적 표본을 유지하며 내실을 기하고 있다. 이밖에 인도 현지 신학교 운영에 참여하거나 교수 사역을 전담하고 있는 선교사들이 있다.[28]

---

[28] 전인도 선교사회 연구위원회, 26-27.

북인도 선교에 지대한 영향을 키친 죠지 챠바니카마닐(Gerrge Chavanikamanil)[29]은 인도 선교의 방향성을 다음과 같이 제시한다.[30]

첫째, 북 인도에서 사역할 하나님의 종들을 양성하는 것에 초점을 두었다. 하나님의 종들을 양성하는 것이 인도 선교의 가장 시급한 과제로 보았다.

둘째, 하나님의 종들을 양성하되 최고의 학문적인 수준을 도입하여 사상적으로 다원화된 시대를 변화시킬 수 있는 준비된 하나님의 종들을 양성하고자하여, 북인도의 데라둔에 NTC(New Theological College)를 설립하고 최고의 교수들을 초빙하고, 도서관을 만들어 학문적 소양을 갖추도록 하였다. 학문적인 훈련과 더불어 그는 개인적인 경건을 강조했다. 전 학생들과 교수진이 매일 5시 30분에 아침경건회로 하루를 시작하고, 저녁기도회로 하루를 마치는 것으로 경건훈련을 하고 있다.

셋째, 특별히 신학은 교회를 세우는 것에 활용되어야 한다는 확신으로, NTC의 졸업생들이 CEA(Christian Evangelistic Assemblies)의 후원과 지도하여 교회를 개척하는 사역을 함으로서 북인도에 약 600여 개의 교

---

[29] 죠지는 남인도 케랄라 태생으로 미국으로 이민을 갔다가, 월드비전의 총재로 섬기던 중 북인도를 향한 하나님의 뜻을 발견하고, 전력을 다하여 선교단체 BSS(Brarat Susamachar Samiti), 북인도 명문신학교 NTC(New Theological College), 복음주의 교단인 CEA(Christian Evangelistic Assemblies)를 설립하고 리더십을 발휘하여 대규모로 확장시킴으로 북 인도에서 영향력 있는 학자이다.
[30] 전인도 선교사회 연구위원회, 243-244.

회를 개척하였고 이 교회들이 성장함으로, 현재 북인도 선교를 주도하게 되었다. NTC는 전인도의 시골지역 전도인들을 위한 프로그램을 진행하고 있으며, BSS(Bharat Susamachar Samiti)는 일반학교를 개설하고, 문맹교육과 더불어 직업 교육을 실시함으로 복음전도의 문을 열어주었다. 아울러 평신도 리더를 발굴, 선발하며 양성하는 일에 힘쓰고 있다.[31]

이 밖에 구체적인 선교 목적을 정한 후 그 목적에 따라 사역을 집중하고 조정하는 선교 전략으로 복음전도와 사회적 책임을 통합하는 총체적 모델[32]을 택하여 영적 공동체 개발과 사회 공동체 개발 사역을 시행하고 있다.

3. 한인 선교사의 선교 전략 제안

1) 토착화 선교 전략

기독교가 인도 사회에서 깊게 뿌리 내리지 못한 이유는 기독교가 이국적인 요소라는 인상을 지우지 못했기 때문이다. 사도행전 15장에서

---

[31] PCK 인도 선교회, 『PCK 인도 선교 30년, 회고와 전망』, 90. 105.
[32] 파트나의 이영길 선교사는 비하르에 종합개발원을 설립하여 가나안농군학교 운동으로, 이를 다시 교회 개척 운동으로 연결하는 전략을 시행하고 있다. 전인도 선교사회 연구위원회, 31-32.

복음전달에 방해되지 않는 비본질적인 문화요소의 상황화적인 접근은 불가피해졌다. 하지만 인도의 종교 다원주의와 수용주의의 영향으로 인한 혼합주의에 빠지지 않도록 세심한 주의가 필요하다.

현재 교회의 상황화는 예배형식과 외형적인 모습에 대한 기초적인 상황화만 진행되고 있을 뿐이다. 이러한 상황화의 시도가 신학적인 부분까지 의미 있게 진행되려면 인도인 스스로 과정을 만들어야 한다. 선교사가 상황화의 주체가 되어서는 안 된다. 비록 인도 기독교인들이 연약해 보여도 그들에게 의미 있는 상황화가 진행되도록 끈기 있게 기다려주고 존중해 주어야 한다.[33]

선교 역사는 대체로 두 가지의 선교 모델을 보여준다.

첫째, 식민주의적, 가부장적 선교 모델로 서구선교사들이 정치, 경제, 문화적인 측면에서 주도권을 갖고 선교를 확장시켰고, 복음전도와 교회 개척 그리고 성경번역을 통해 전 세계로 기독교의 영향력을 확대시켰다.

둘째, 반서구적인, 반식민주의적인 선교 모델이다. 기독교가 확장되면서 민중신학(한국)과 달릿신학[34](인도), 몰소신학(태국), 제3눈의 신학

---

[33] 곽이삭, "인도 힌두교의 이해를 통한 선교적 접근," 「KMQ」통권 49호 (2014): 136-137.

[34] 달릿 기독교인은 기독교로 개종함으로 인하여 정부로부터 보호혜택을 받지 못하고 인간적으로 불평등을 계속 받고 있기 때문에 영적으로 정신적으로 갈등을 겪게 되어 이를 극복하기 위해 1980년대부터 달릿신학이 형성되었다. 안희열, "인도 카스트 제

(타이완), 해방신학(남미), 아프리카 신학 등 제3세계 신학이 부상하게 되었다. 이 신학들은 지역적, 상황적인 특성을 포함하면서 서구 중심적 규범신학에 반기를 든 것이다. 제3세계 신학자들은 현존의 신학이 서구의 신학이라고 비판하였지만 제3세계 신학도 지역적, 상황적 특성은 보유하고 있지만 우주적인 보편성을 지니고 있는가 하는 점에서는 논란이 있다. 특별히 지역의 특수문화와 종교를 지나치게 강조하다보니 혼합주의적 신학 또는 중성화된 신학으로 기독교의 독특성을 잃어버리는 경우도 있다.[35]

힌두교와 무슬림에 대한 전도사역에서는 직접적인 전도보다 복음의 핵심을 유지하면서 문화를 충분히 고려하는 토착적 선교를 통해 가정교회 설립을 통한 선교와 미전도종족에 대한 선교가 진행 중이다.

곽야곱 선교사는 한국 선교사의 인도에서의 30년 선교는 초기에 공동체보다는 주로 개인을 대상으로 사역했고, 1990년대에 전문인 선교사들이 다양한 창의적 방법으로 선교 사역을 진행되었다고 평가하고 문화 수용적인 관점에서 토착화 모델을 제시한다.[36]

한국교회의 인도 선교는 30년 동안 많은 선교사를 보내고 교회를 설

도에 대한 로마 가톨릭 교회와 개신 교회의 선교 전략에 대한 평가," 「복음과 실천」 34집 (2004): 269.
[35] 전인도 선교사회 연구위원회, 245.
[36] Ibid., 234-241.

립했다. 앞으로는 힌두교 내에 있는 복음의 접촉점을 연구하고 토착교회와 토착신학이 나아가야 할 방향을 제시한다면, 선교의 풍성한 내적 결실을 맺을 수 있을 것이다. 힌두교 중에 기독교와 유사한 내용이 많은 박띠[37] 신앙은 효과적인 선교의 다리 만들기와 인도인이 이해할 수 있는 기독교 메시지를 만드는 데 유용하게 쓰일 수 있다.[38]

2) 종교와 철학을 기초로 한 선교 전략

인도의 종교와 철학을 바탕으로 한 선교 전략은 공동체를 세우는 선교, 구속적 유비 언어를 통한 복음 전도, 문화 수용의 예배 진행이 있다. 이것을 다음과 같이 설명할 수 있다.

(1) 공동체를 세우는 선교

인도는 국민의 60% 이상이 농민으로 대가족제도를 중심으로 전통과 교육을 전수하는 어른 공경사상이 아직도 이어지고 있다. 의사결정에

---

[37] 인도에서 산스크리트어로 '박띠'(Bhakti)라는 말은 '사랑' 또는 '헌신'을 의미하는 것으로서, 하나님께 대한 사랑과 헌신을 통해 구원 또는 해방(Moksha)에 이를 수 있다고 믿는 힌두교의 핵심적인 내용 중의 하나이다. 진기영, 『인도 선교의 이해 (II)』, 29.
[38] 진기영, "인도 박띠(Bhakti) 신앙에 대한 개혁주의 선교적 접근," 「선교신학」 제26집 (2011): 235.

있어서 결혼이나 직업, 학교의 선택 등은 개인의 결정보다는 가족 중 연장자의 결정을 따르며 개인의 영달보다는 가족 및 공동체의 번영과 발전을 더 중요하게 생각한다.

공동체의 번영 및 발전을 저해하는 행동을 하는 자들은 아다르마[39]라고 하여 일반적인 범죄보다 더 무거운 처벌을 받게 되는데 여성이 자신보다 카스트가 낮은 남성과 결혼할 때와 자신의 종교를 타종교로 바꿀 경우들을 '아다르마'라고 한다.[40]

이런 인도의 공동체의 유지와 발전은 신관과 다르마의 원리, 수용성의 원리, 정함과 부정함의 원리 등에서 나타난다. 인도의 신은 가족신의 원리로 인도의 다양한 민족의 가치관 및 믿음의 통합을 위한 관점이다.

유목민 계통인 아리안 족이 섬기는 신들을 남신으로, 농경민 계통인 드라비디안 족이 섬기는 신들을 여신으로 하여 이 남신과 여신들을 결혼케 하여 가족 신으로 섬기게 되었다. 이로 인해 서로 다른 민족들이 다른 신들을 섬김으로 인한 분열을 방지하고 가치와 믿음의 동질화를 꾀하고자 하였다.[41]

힌두교의 공동체적인 이해는 다음과 같은 원리로 이해할 수 있다.

첫째, 신관의 원리는 가족신의 원리로 다양한 신들이 하나의 가족으

---

[39] '의무를 다하지 않는 것'이라 한다.
[40] 전인도 선교사회 연구위원회, 235.
[41] Ibid.

로 이루어져 있다는 점이다. 이러한 점을 기초로 인도의 다양한 민족들도 힌두교의 신들처럼 민족의 가치관 및 믿음의 통합을 가족처럼 이룬다는 점이다.[42]

'신관의 원리'로 힌두교의 신들은 모두 가족으로 이루어져 있다. 여러 민족과 여러 종족의 신들이 필요에 따라서 혼인관계를 맺고 가족을 이룬다. 그러므로 신들은 부부로 이루어져 있으며, 선한 신과 악한 신이 동시에 필요하다. '신관의 원리'는 다양한 민족으로 이루어진 인도를 통합하는 중요한 원리이다.

둘째, 다르마의 원리는 사회 통합의 원리로 모든 것들이 하나의 실재로부터 나왔기 때문에 모든 사람의 권리는 같으나 태어난 환경 속에서 자신에게 주어진 의무(다르마)를 사심 없이 행할 때 개인 구원 및 공동체의 구원이 이루어지며 더 나아가 우주적 구원이 이루어진다고 하여 태어나면서 갖게 되는 카스트별 개인의 의무를 중요하게 여겼다.[43]

셋째, 수용성의 원리는 지역별로 비록 섬기는 신의 이름이 다르더라도 그 의미가 같다면 같은 신의 다른 이름으로 인정하고 받아들임으로써 다양함 속에서의 연합을 꾀한다.[44]

넷째, 정함과 부정함의 원리는 공동체의 안전 및 번영을 위하여 몸의

---

[42] 곽이삭, "인도 힌두교의 이해를 통한 선교적 접근," 124-125.
[43] 전인도 선교사회 연구위원회, 235.
[44] Ibid., 235-236.

구조, 식사, 인사예법, 물의 사용, 카스트 간의 결혼 등의 원칙을 만들었다.

몸의 구조상 배꼽 위의 신체는 정하고 배꼽 아래의 부분은 부정하며 오른 손은 정하고 왼손은 부정하다고 본다. 인사를 할 때 '나마스떼'라고 하며 거리를 두고 합장으로 인사하는 것과 식사할 때는 음식을 함께 나누어 먹지 않고 뷔페식으로 자신만 사용하는 오른손으로 식사를 한다. 그리고 물을 마시거나 음료수를 마실 때에는 병을 입에 대지 않고 마시는 것은 침이 닿게 되면 부정을 타서 그 음료수와 물을 다른 사람이 마실 수 없기 때문이라고 여긴다.

결혼 시 인도 여성은 자신보다 낮은 카스트의 남성과 결혼할 경우 부정하다고 여겨 공동체로부터 추방되기도 한다. 이 '정함과 부정함의 원리[45]'는 고대 인도사회에서 위생이 취약하고 타 공동체간의 전쟁 및 불화가 빈번할 때 공동체의 안전과 번영을 목적으로 만들어진 문화제도로 종교의 형식으로 변화하여 위생적으로 발전하여 하였고 인도인의 의식을 지배하고 있다.[46]

인도는 다양한 문화와 종교의 산실이다. 이러한 복합적인 문화와 다

---

[45] 폴 히버트는 "인도인의 개인 청결과 공공장소의 지저분함에 대한 이해가 필요하다"고 주장한다. Hiebert Paul G, "Clean and Dirty: Cross-Cultural Misunderstandings in India," *Evangelical Missions Quarterly,* 44:1 (2008).
[46] 전인도 선교사회 연구위원회, 236.

양한 종족으로 구성된 인도를 하나로 통합하는 전통문화는 힌두이즘이고, 이를 지탱하는 사상적 기반이 다르마 원리이다.

그리고 외부로부터의 다양한 문화와 사상을 통합하고 상호조화를 추구하는 과정에서 공동체 의식이 성장 발전하였다. 때문에 인도에서는 개인보다는 공동체가 우선시되며 공동체의 유지와 발전을 위해서는 개인이 언제든지 희생될 수도 있다고 생각한다. 이런 인도에서는 서구의 개인주의적 선교보다는 공동체를 중심으로 한 선교접근이 효과적이다.[47]

선교사는 주님의 공동체의 일원으로서 힌두교 사회와 현지 기독교 공동체에 올바른 공동체적인 접근을 하였는지에 관한 반성을 해야 한다. 인도 기독교인들은 나름대로 기독교적인 전통에 대한 자부심이 대단하다. 선교사들이 보기에는 미숙하게 보이지만 현지인도 기독교 지도력을 존중해야 한다.

선교사가 인도 기독교, 현지 지도력과 한 몸을 이루지도 못하고 개별적으로 사역하는 것에 대한 반성과 사역 방향의 대전환이 일어나야 한다.[48]

---

[47] 최원진, "인도 힌두교 선교 전략-공동체의식의 이해를 통한 접근," 「복음과 실천」 51집 (2013): 251-152.
[48] 조범연, "인도 선교 30주년을 넘어 선교의 미래를 조망하며," 『인도 선교 백서』, 전인도 선교사회, 247.

(2) 구속적 유비 언어를 통한 복음전도[49]

인도 힌두교인들은 모든 것이 하나로부터 나왔으며 나타난 모든 것들은 신의 자기표현이라고 믿는다. 자신의 마음의 필요가 신의 숫자이며 필요를 채워주는 것이 참신이요 필요를 채워주지 못하는 신들은 신으로 인정하지 않기 때문에 결정자는 인간이 된다. 어떤 필요가 자신에게 있을지 모르기 때문에 여러 신들을 섬기고 자신의 필요가 변화되어짐에 따라 섬기는 신이 달라진다.

이런 부분에서 예수님은 모든 필요를 채워주시는 분으로 소개하고 자신의 마음을 온전히 주님께 드리는 제자훈련을 해야 할 필요가 있다. 또한, 예수님은 사람들이 바꿀 수 있는 신이 아니라 구원자이고 진리로 이끄시는 분임을 가르쳐야 한다. 그리고 그리스도 안에서 모든 것이 하나가 된다는 기독교적 개념으로 소개할 수 있다. 힌두교의 아바타의 다양한 변화는 그리스도인의 성화의 과정으로 설명할 수 있다.

힌두교의 분파인 비쉬누교(보전의 신)와 시바교(죽음의 신)은 양쪽 다 종말관을 가지고 있는데 비쉬누교에서는 비쉬누의 마지막 아바타(화신)가 오면 세상의 질서가 회복되고, 시바교에서는 "시바의 제3의 눈이 열리면 하늘과 땅이 바뀌어 세상이 멸망되어진다"고 믿고 있다.

창조와 구원관에서는 힌두교의 쁘라쟈빠띠(대중의 신)가 자신의 피를

---

[49] 전인도 선교사회 연구위원회, 237-238.

흘림을 통해서 많은 생명을 낳았다고 하는데 이것은 예수님의 보혈을 통해 인류가 죄 사함을 얻고 사망에서 생명으로 옮길 수 있도록 하였다고 설명할 수 있다. 이러한 구속적 유비를 통해 힌두교 내에서도 복음을 설명할 수 있는 근거로 삼아 복음의 접촉점이 된다.

(3) 문화 수용의 예배 진행

인도의 힌두교인들은 예수를 거절하는 것이 아니라 서구 형태의 문화의 옷을 입고 다가오는 기독교를 싫어하는 경향이 있다. 인도에서는 기독교인을 부패하거나 타락한 모습으로 나타내는 경향이 있는데 많은 영화들 가운데 나쁜 일을 하는 사람들을 보면 목에 십자가 목걸이를 하거나 교회나 성당이 종종 비춰진다.

힌두교인들은 결혼 전의 동거 문화를 거부하는 반면에 기독교로 집단 개종한 지역의 인도 기독교인들은 문화적인 요소로 동거생활을 많이 하고 있다. 복음을 전하고 토착교회 개척과 예배에 수용 가능한 힌두문화와 전통을 접목하는 노력이 필요하다.[50]

---

50 a. 결혼한 기독교 여성은 가르마에 빨간 색의 염료(말린 물감)을 바르고, b. 발가락에는 발지를 차며, c. 예배 시 남자는 구루따를, 영성은 사리를 입고, d. 인도의 전통악기인 따블라와 시타르, 하모니 움을 사용하여, e. 방석을 바닥에 놓고 함께 앉아서 예배를 드리며, f. 모임의 이름은 사두루루이스(진리의 스승이신 예수님)을 믿는 싸트쌍(진리의 모임)이라고 부르며, g. 설교자가 찬양을 하면 바로 뒤에 회중들이 따라서 찬양하며, h. 성찬 시에는 떡 대신에 인도 일반인들의 주식인 로띠(밀가루 절편)나 짜빠띠로 하며 포도주 대신에 인도 힌두교인들은 술을 마시는 사람을 대단히 싫어하

한인 선교사들에게 필요한 인도 선교 전략은 다음과 같다.

첫째, 선교 현장이 필요로 하는 선교이다.

인도에 존재하는 여러 가지 갈등의 요소들을 잘 이해하고 그런 갈등을 해결하여 하나님이 원하시는 참된 평화를 실현해 가는 선교가 필요하다.

둘째, 현지 인도교회와의 협력 선교이다.

한국교회와 선교사들은 풍부한 역사와 문화를 지니고 있는 인도교회를 인정하고 존중해야 한다. 인도교회도 여전히 수많은 교파들이 존재했지만 스스로 교파를 없애고 자신의 고유한 색채를 지니고 있으면서도 연합교회를 이루고 있다. 인도교회가 열심히 해 나가고 있지만 힘이 부족하다고 느껴 도와주기를 바라거나 도울 수 있는 많은 부분을 맡아 나아는 방식의 협력 선교가 필요하다.

셋째, 전문인 선교사가 필요하다.

농업전문가와 의료전문가, 그리고 상담전문가, 건축가, 사회개발, 사

기 때문에 짜이(홍차)를 사용하고, i. 기도 후 아멘 대신에 따따스투('그대로 될 줄로 믿습니다'의 힌디)를 사용하고, j. 모임에 참석한 모든 이에게 각각 섬길 수 있는 임무를 주어 예배에 참여하게 하고, k. 모임의 장소는 가정에서 가정교회 예배의 형태로 진행하는 것이 좋고, l. 예배를 마친 후 함께 식사를 나누며 삶을 공유하는 공동체로서의 역할을 하도록 조정하고, m. 가정교회에서의 모임 인도는 전임 사역자가 아닌 가정의 리더가 진행하도록 하고, n. 침례(또는 세례)를 진행할 경우 용어를 잘 산스까르(물의 의식)또는 구루딕샤(선생님에 의해 주어지는 의식)의 용어를 사용하고, o. 침례(또는 세례)는 가족 공동체가 모두 주님을 영접했을 때 전체에게 실시하는 것이 좋으며 모든 지역 공동체가 보는 가운데 진행하도록 한다. Ibid., 238-240.

회봉사 전문가 등이 필요하다.

넷째, 한국과 인도교회의 친교와 상호이해를 돕는 선교를 해 나가야 한다.

선교사는 복음의 정신과 함께 한국의 역사와 문화와 정신을 이해하고, 선교 현장인 인도의 문화를 이해하고 존중하면서도 복음으로 변화시켜야 한다.

다섯째, 한국의 교파 간에 서로 역할을 나누고 서로 돕는 선교의 모습이 필요하다.

한국 내에 인도 선교를 함께 연구하고 필요한 선교를 위해 협의하는 선교협의체가 필요하고, 현지 선교사들이 정기적인 협의를 거쳐 서로 역할을 나누고 서로 도울 수 있는 길을 모색하라고 한다. 위 모든 성장의 방법도 체계적인 협력 사역이 강화될 때가 그 효과가 극대화될 수 있다.[51]

---

[51] 정호진, "계급과 종교간의 갈등이 첨예한 인도에서의 선교," 「기독교사상」46 (4) (2002): 24-31.

제4부

인도성결교회의 선교 전략

제1장 · 인도성결교회의 선교 전략 동반자

제2장 · 인도성결교회의 선교 역사와 전략

제1장

인도성결교회의 선교 전략 동반자

인도성결교회의 선교 전략을 연구하기 위해서 선교의 동반자인 기성의 선교 정책과 선교 전략을 파악해야 한다.[1] 이는 인도성결교회의 선교 전략을 세우고 이행하는 데 기성(기독교대한성결교회)의 역할이 절대적이었기 때문이다.

1. 동반자 선교 정책의 배경

인도성결교회의 선교 전략을 이해하기 위해서 선교의 동반자인 기성의 선교신학적인 배경과 선교 정책을 살펴보아야 한다.

---

[1] 동반자 선교 전략에 대해서는 최원진, "세계선교 현황과 한국교회의 선교를 위한 전략적 제안," 242-252. 참조.

1) 동반자의 선교신학 - 기독교대한성결교회

　기성의 선교신학은 사중 복음이다. 기성은 서울신학대학교에서 사중 복음을 선교신학으로 정립하기 위한 연구와 노력을 지속해 왔다.[2] 사중 복음은 19세기 말 성결운동에서 받아들인 것으로 만국성결연맹과 관계가 있던 동양선교회가 동경성서학원과 관련을 맺으면서 한국과 연결이 되었고 한국성결교회는 만국성결교회의 신조를 수용한다.[3]

　동양선교회는 감리교 선교 전략가이며 성결오순절 운동 선교의 아버지 테일러(William Tayler), 카우만의 선교관을 심어준 심프슨(Albert B. Simpson), 피어슨(Arther T. Pierson) 등에 영향을 받았다.[4] 기성은 웨슬리안 성결 선교 전통을 근거로, 테일러와 심슨 그리고 피어슨의 영향을 받아 토착 선교신학을 정립하였다.[5] 그것은 다음과 같다.

---

[2] 박영환, "복음주의 선교신학의 모델-서울신학대학교 90년 역사에 나타난 선교신학의 흐름과 전망," 『21세기와 서울신학대학교』(부천: 현대기독교역사연구소, 2002)., 박영환, "성결교 선교신학과 사중 복음의 관계성에서 나타난 과제와 방향에 관한 고찰," 「신학과 선교」 제29권 (2004) 참조.

[3] 박명수, "한국성결교회의 신학적인 배경에 대한 연구-성결론을 중심으로," 「교수논총」 제9집 (1998): 152-155.

[4] 박영환, 『선교 정책과 전략』, 41-42.

[5] 김은수, 『해외 선교 정책과 현황』, 128-129.

① 말씀과 선교 - 현장을 파고드는 케리그마
② 대화를 통한 선교 - 타종교를 적대관계로 보지 않고 선교 현장의 상황을 분리시킬 수 없음
③ 상황과 선포로서의 선교신학 - 케리그마는 역사적 상황과 복음이 선포되는 현장이 하나가 되어야 함
④ 교회의 선교신학

사중 복음은 선교를 일으키는 원동력으로, 복음전도를 뜨겁게 전하려는 사명감을 고취시키려는 신학적 접근으로 이루어졌다. 그러나 사중 복음이 선교 현장의 사역을 위한 역동적 힘을 갖기보다는 교단의 정체성 확립과 교리를 세우기 위한 조직신학적 정립에 그쳤다.[6] 즉 웨슬리의 신학과 정통이 사중 복음과 만남으로 사중 복음의 역동적 성향이 사라지고 경직된 교리를 만들어 개인의 삶뿐만 아니라 이를 통한 사회적 삶의 변화를 기대하며 점진적인 변화의 삶을 요구하는 부분을 약화시켰다.[7]

---

[6] 박영환, "성결교 선교신학과 사중 복음의 관계성에서 나타난 과제와 방향에 관한 고찰," 『신학과 선교』, 209.
[7] 김은수, 『해외 선교 정책과 현황』, 129.

2) 동반자의 선교 정책 - 기독교대한성결교회

인도 선교를 처음 시작한 한국의 교단은 기독교대한성결교회이다. 기성은 지난 1977년 교단 창립 70주년 총회의 결의에 따라 1978년 4월 17일에 해외선교위원회[8]가 조직되고 인도 선교를 시작했다. 해외 선교는 하나님의 부르심이며 전통적으로 기성은 복음증거의 사명 위에서 출발되었음을 인식하여 해외 선교 주역이 되어야 한다는 취지로 시작되었다.

기성의 해외 선교는 교단창립 제70주년 기념사업으로 발간된 선교 백서를 통해 확인할 수 있다. 이 선교 백서를 통해 국내 전도의 계획과 함께 해외 선교가 확장되었다. 기성 총회[9]는 해외선교위원회를 조직하고, 그 사업으로 선교사 파송과 토착교회 및 신학교 설립 그리고 현지 교역자 양성, 현지 교회 지원 등을 채택하였다. 선교회원을 모집하면서 인도에 교회 건축을 지원하고, 150여 명의 교역자들에게 생활비를 지원했다.

기성은 동양선교회의 영향을 받아 동양선교회의 선교 철학을 그대로 수용했다. 동양선교회의 선교 철학[10]은 교회 개척이다. 이와 더불어 현

---

[8] 기독교대한성결교회 해외선교위원회, 『해외 선교 정책백서』(서울: 기독교대한성결교회 해외선교위원회, 1997), 68.
[9] 기독교대한성결교회 해외선교위원회, 『해외선교위원회 30주년 기념 선교 백서』(서울: 기독교대한성결교회 해외선교위원회, 2009), 172.
[10] David E. Dick, "Missiological Philosophy of OMS International, INC," "동양선교회의

지 교회 설립을 위한 복음전도, 교회 개척, 그리고 지도자 훈련을 위해 복음전파를 추진한다.

동양선교회의 선교 철학을 바탕으로 형성된 기성의 선교 정책과 전략들은 다음의 10가지다.

① 자급 교회
② 현지인 교회
③ 선교의 열정
④ 현지 문화 접근
⑤ 오직 복음
⑥ 소외지역 사회봉사
⑦ 성서학원 설립
⑧ 삼자교회 정신
⑨ 선교 현장을 존중하는 선교사의 자세
⑩ 오지 선교[11]

1991년 제14회 정기총회에서 선교 정책 4가지로 제시하였다.[12]

선교 철학," 「성결교회와 신학」 제4호, 최형근 역 (2000): 124-125.
11 박영환, 『선교 정책과 전략』, 59.
12 Ibid., 57-58.

첫째, 성결교회의 전도표제인 사중 복음(중생, 선교, 신유, 재림)에 근거한 개인침투 전도 정책이다.

둘째, 토착교회 개척 정책이다. 성결교회는 개인 영혼의 구원이나 사회 개혁의 요람이 교회라는 사실을 강조하였다.

셋째, 신학교육을 통한 현지인 지도자 양성 정책이다.

넷째, 복음의 결과로 부수되는 사회개혁이다.

여기에 1997년 세계화 시대를 열어 가는 동반자적 협력 사역 정책을 추가함으로써 다섯 가지이다.

그 후 선교지 총회와 세계성결연맹 조직이 추가되어 여섯 가지의 선교 정책을 갖게 되었다.[13] 기성의 현재 선교 정책은 기존의 6가지 선교 정책에 별다른 큰 변화는 없다.[14] 그러나 2007년 교단 선교 100주년 사업안은 두 가지가 추가된다.

첫째, 국내 거주 외국인과 타국거주 외국인 선교 정책이다.

둘째, 선교지 교회 자립 지원정책을 말한다.[15]

기성은 실천해 나갈 선교 목표를 4개에서 6개로 그리고 다시 8개로 확장하면서 점차적으로 추진해 가고 있다.

---

[13] 기독교대한성결교회 해외선교위원회,「운영규정」(서울: 기독교대한성결교회, 2002), 12.
[14] 기독교대한성결교회 해외선교위원회,「교단 선교 40주년 기념 선교 백서」, 23-24.
[15] 기독교대한성결교회,「제94회 총회회의록」(서울: 기독교대한성결교회, 2001), 609-610.

또한, 해외선교위원회 창립 50주년을 향해 나가면서 "SEND 2028, 해외선교위원회 희년(50년)이 되는 2028년까지"라는 표어 아래 다음과 같은 4가지 운동을 전개하고 있다.[16]

① S – Send one thousand regular missionaries(일천 명의 정식 선교사 파송[17])
② E – Evangelize one hundred unreached people(일백 개의 미전도 종족에게 복음을 전파)
③ N – Network 1500 supporting churches(일천오백 개의 후원교회 연결)
④ D – Deposit 10 billion of mission fund of welfare(일백억 원의 선교 기금 마련-장학, 연금, 안식관, 의료 등)

기성 선교 정책의 특징은 세미나 혹은 여러 방면의 의견수렴을 통해 정책결정이 이루어지는 것이다. 현장의 소리를 듣고 실질적인 정책이 될 수 있도록 그들의 의견을 수렴하면서도 이론적인 배경도 놓치지 않고 있다. 이 점은 인도성결교회는 총회운영지침으로 설정해 놓고 있다. 즉 인도성결교회의 연대화를 말한다. 또한, 기성의 선교신학인 사중 복

---

[16] http://omc.kehc.org/(2018년 10월 1일 접속).
[17] 2016년 3월 31일 기준으로 61개국 319가정 608명, 총 72개국 535가정 975명의 선교사를 파송했다. 기독교대한성결교회 해외선교위원회, 『교단 선교 40주년 기념 선교백서』, 68-71.

음의 기초 위에 선교 사역을 진행할 수 있는 정책수립을 한다.

기성의 선교 정책은 2005년에 중장기 계획을 근거로 미전도 종족 연구 및 입양이나 중보기도 네트워크 구축, 그리고 선교 전략과 정책 평가 및 새로운 선교 패러다임 구축을 보완할 필요가 있다.[18] 현장 선교사들의 선교 전략과 해외선교위원회의 선교 정책, 그리고 서울신학대학교의 선교신학에 대한 통합적인 연구를 해야 한다. 이러한 면에서 인도성결교회도 사역자와 선교 정책 입안자, 그리고 기성 선교사들의 정례적 통합모임 "파트너십"을 운영하고 있다.

현재 기성 해외선교위원회는 복음의 직접 사역이 어려운 창의적 접근지역에 간접 사역을 위하여 21세기를 준비하고 있고, 미전도종족 입양 운동을 통한 세계복음화에 동참하고 있다. 평신도(전문인) 사역자의 집중육성을 통한 직접선교를 지원하고 있다.

또한 창의적 접근지역의 선교를 극대화하기 위한 방안으로 NGO(Non-Governmental Organization: 비정부기구)를 통한 회교 국가 및 사회주의 국가에 선교 거점을 마련하고 있으며, 인터넷을 활용한 종합 네트워크 구성과 선교정보 공유를 지향하고 있다.[19] 이러한 정보공유는 인도성결교회의 선교 전략인 종족 선교에 중요한 자료가 된다.

기성의 선교 정책은 교단의 뿌리가 동양선교회에서 비롯되었듯이 인

---

[18] 김은수, "해외 선교 정책과 변천에 대한 연구," 「선교신학」 제27집 7월호 (2011): 90.
[19] 기독교대한성결교회 해외선교위원회, 『운영규정』, 9-10.

도성결교회도 선교에 대한 열정이 그대로 유지되고 있다. 특히 사중 복음에 근거한 개인침투 전도정책과 토착교회 개척 정책은 복음주의 선교의 신학을 인도성결교회도 그대로 반영하고 있다.[20] 예를 들면 십자군 전도대와 인도인 선교사 운동이 대표적이다. 기성은 개인 영혼의 구원과 사회 개혁의 요람으로서의 교회 개척을 강조하고 있으나 사회개혁을 복음의 결과로 부수되는 것으로 규정함으로써 사회적 책임에 대한 태생적 한계를 가지고 있다. 그러나 인도성결교회는 사회봉사적 사역이 현장에 절대적으로 필요함을 인식하고 기성과 다르게 집중적으로 사역하고 있다.

인도성결교회와 기성은 아시아에서 시작된 교단인 만큼 세계화를 위해 동반자적 협력 사역과 선교지 총회[21]와 세계성결연맹조직에 힘을 쏟고 있어서 장차 에큐메니칼 역량을 어떻게 발휘하느냐를 주목할 필요가 있다.[22]

기성의 선교 정책은 인도성결교회와의 동반자적 협력을 강화하는 것이다. "교단과 교단 간, 교회와 선교단체간의 협력은 선교에 있어서 당

---

[20] 박영환, "성결교회의 선교와 사중 복음의 선교적 과제 고찰," 「성결교회와 역사」 제6권 (2005): 201.
[21] 1995년에 필리핀, 네팔, 러시아, 1997년에 카메룬, 케냐, 멕시코, 2004년에 캄보디아, 2016년에 베트남 총회가 설립되었다. 기독교대한성결교회 해외선교위원회, 『교단 선교 40주년 기념 선교 백서』, 73.
[22] 김은수, "해외 선교 정책과 변천에 대한 연구," 91-92.

연한 의무이지 피할 수 없는 과업으로, 협력하여 선교비전과 구체적인 선교 전략들을 수립하며, 이를 효과적으로 실현하기 위한 공동의 노력을 경주해야 한다"[23] 이 정책으로 기성과 인도성결교회는 협력 사역을 지속하고 있다.

2. 동반자 선교 전략의 유형

1907년 설립된 기독교대한성결교회와 함께 협력 선교를 해온 동양선교회(OMS)는 1957년부터 북부 인도 알라하바드(Allahabad)에 신학교(Allahabad Bible Seminary, ABS)를 세우고 인도 선교를 시작했다. 동양선교회(One Mission Society)가 세운 인도성결교회(ECI, Evangelical Church of India)는 1978년부터 동양선교회와 기성과 동반자 선교를 새롭게 시작하였다.[24]

기성은 인도에 선교사를 파송할 수 없는 상황에서 미자립교회 목회자를 위한 생활비 지원, 교회 건축, 그리고 인도 교역자 및 지도자 초청 교육사업을 추진하였다.[25] 인도성결교회와 기성과의 동반자 관계는 두 시

---

[23] 기독교대한성결교회 해외선교위원회,『해외선교위원회 30주년 기념 선교 백서』, 21.
[24] 전인도 선교사회 연구위원회, 180.
[25] 기독교대한성결교회 해외선교위원회,『교단 선교 40주년 기념 선교 백서』, 156-157., 전인도 선교사회 연구위원회, 233.

기로 구분할 수 있다.

첫째, OMS를 통한 기성의 간접 선교시기다

둘째, 기성의 직접 선교시기다.

1) 간접 선교 전략(1978-1992)

인도성결교회 건축에 대한 열망이 OMS를 통해 한국에 전달되었고, 기성의 본격적인 해외 선교 사역은 인도성결교회와 시작되었다.[26] 교회 개척 및 건축 후원, 미자립교회 현지인 교역자 생활비 후원,[27] 신학생 및 지도자 한국초청 교육 훈련 등으로 시작되었다.

전략적 방법으로 신학교 및 지도자 초청교육 훈련은 서울신학대학교와 아세아연합신학대학교 등지에서 장학금과 생활비를 보조함으로 이루어졌다. 그중에 오네시모(Rev. Dr. David Onesimus)는 인도성결교회의 마드라스 신학교(Madras Theological Seminary and College, MTSC)에서 학장으로 사역하고 있다. 그러나 지도자 초청교육 선교 전략은 어려웠다. 한국에서 공부하고 돌아간 대부분의 목회자들은 인도성결교회에서 사역하기 힘들었다. 이는 인도성결교회 지도자들과의 갈등과 한국교회에서의 직접 후원을 받은 경우가 주 원인이라고 본다. 인도에도 복음주의적

---

[26] 기독교대한성결교회 해외선교위원회, "기독교대한성결교회 인도 선교 참고자료," 『인도성결교회(바인더 화일)』(서울: 기독교대한성결교회 해외선교위원회)
[27] 송희천, "교단 해외 선교의 과거와 현재의 현황," 「활천」514권 9호 (1996): 19.

인 신학교가 많고, 실질적인 한국과의 관계를 위한 지도자 양성이 목적이 아니면 인도 목회자들이 한국에서 수학하는 것은 보완해야 된다. 현재 OMS가 주관하는 단기 집중교육인 '웨슬리안 성결 여름 교육 프로그램'[28]이 더 효과적이라 할 수 있다.

현지인 교역자 생활비 후원은 정기적이지 못하지만 계속해서 후원이 지속되고 있다.[29] 임철재 총무가 "에즈라에게 보낸 편지"[30]에서 당시 40여명 인도교역자 생활비 후원을 하고 있었다. 이후에 편지에서는 교역자 생활비 지원을 80명에서 120명으로 추가하여 그 범위가 확대되었고,[31] 1998년 1월 기준으로 인도성결교회는 1,000교회 개척목표를 달성했으며 150여명의 인도현지인 교역자 생활비 일부를 계속해서 지원했다.[32]

---

[28] ECI, "Wesleyan Holiness Summer Study Programme," *Church Planter* 2016. 8. (2016): 7.
[29] 기독교대한성결교회 해외선교위원회, 『해외선교위원회 40주년 기념 선교 백서』, 160-161.
[30] 1985년 6월 12일.
[31] 1989년 1월 5일., 기독교대한성결교회 해외선교위원회, 『인도 김영암 선교사 선교보고 자료모음집』(서울: 기독교대한성결교회, 1992. 7. 26.), 150.
[32] 기독교대한성결교회 해외선교위원회, 『해외 선교 정책백서』, 61., 기독대한성결교회 해외선교위원회, 『해외선교위원회 40주년 기념 선교 백서』, 156.

표-6. 인도성결교회 현지인 교역자 생활비 후원 변화

연 도	1985	1989	1992	1998
후원인원	40	80	120	150

초기 인도성결교회와 기성의 관계를 에즈라 살구남 목사는 1985년에 임철재 총무에게 보낸 편지에서 부자관계로 표현한다. 이것은 에즈라 목사의 과장된 표현이다. 그러나 기성의 영향력을 크게 평가하고 있었다는 반증이다. 이는 당시 OMS의 국장이 인도 북부의 교회들을 정리하고 통제하고 있는 일에 대해 조언을 구하고, 인도교회가 1,000교회 설립비전이 실현되도록 기도 요청을 통해 알 수 있다.[33]

그러나 김영암 선교사는 에즈라 감독에 대한 부정적 평가에서 "독재적인 군림과 정치인들과 친분관계를 위해 한국의 후원금을 사용하고 실제적으로는 서구의 선교단체에 비해 기성을 홀대하고 있다"[34]고 평가했다. 그러나 에즈라 살구남 목사의 카리스마적인 리더십은 인도성결교회의 동력이 되었다.

초기 OMS을 통해 인도에 재정을 송금했지만 1988년 11월 3일에 서기 플로 에프의 기록 하에 OMS 사무실에서 그램 하우톤과 임철재, 살

---

[33] 기독교대한성결교회 해외선교위원회, 『인도 김영암 선교사 선교 보고 자료모음집』
[34] Ibid.

구남 목사는 한국-인도교역자 송금은 1988년 11월부로 인도성결교회에 직접 보내기로 가결함으로 OMS의 중심의 선교에서 탈피하기 시작한다.[35]

기성 해외 선교위원장 안창건 목사는 인도 선교회원 및 후원자를 위한 1985년 8월 19일 오후 19:00에 총회본부에서 인도 음식을 대접하면서 인도의 밤을 개최할 정도에 지대한 관심을 갖고, 현지 사역자 중심의 선교에도 효과적으로 선교 전략을 전개했다.[36]

2) 직접 선교 전략(1992-2018)

인도성결교회는 2018년 10월까지 총 7,326개의 교회가 세워졌으며 전체 교인은 692,742명, 안수 받은 사역자는 1,248명이다.[37] 이것은 기성 해외선교위원회를 통해 직접 선교사를 파송하여 협력 사역하게 함으로 증진되었다. 김영암 선교사가 1992년에 인도에 파송되어 선교 사역을 시작했다. 이 기간 중에 에즈라 살구남 목사는 성탄절 인사와 함께 인도성결교회 초대감독 취임식에서 'ECINDIA 2000 프로그램,' 즉

---

[35] Ibid., 140.
[36] Ibid.
[37] 표-19. 인도성결교회 전체 현황 통계 참조(p. 138)., ECI, "ECI Annual Statistics," *37th Biennial All India Conference: Bishop-President Address* (Chennai: ECI, 2018), 24.

2000년 인도의 복음에 응답하는 모든 사람을 제자로 만드는 비전을 선포하겠다는 계획을 보고했다.[38] 에즈라 살구남 목사은 총회장 취임식이 1993년 2월 13일에 있음을 알리고 초청하는 편지를 발송한다.[39]

김봉태 선교사의 특이한 점은 다음과 같다.[40]

첫째, 동부 인도 캘커타(현재 이름: 콜카타)에 캘커타신학교를 세운 일과 남부 인도 첸나이에 쓰나미 성결타운을 건립한 일이다.

둘째, 첸나이에 우리교단 창립 제100주년 기념교회를 세운 일이다.

인도성결교회에 대한 기성 해외선교위원회의 직접선교는 선교사들의 사역과 선교 전략을 중심으로 다룰 것이다.

3. 동반자 선교 전략의 결과

기독교대한성결교회의 인도 선교 전략을 실행함에 있어서 기성의 대표적으로 교단 파송 3명의 선교사를 중심으로 분석하려고 한다. 즉, 인도 선교의 이해와 정착의 시기는 김영암 선교사를 중심으로, 인도 선교

---

[38] 1992년 12월 12월.
[39] 1993년 1월 25일., 기독교대한성결교회 해외선교위원회, 『인도 김영암 선교사 선교 보고 자료모음집』, 140.
[40] 기독대한성결교회 해외선교위원회, 『해외선교위원회 40주년 기념 선교 백서』, 161.

의 방안과 구상의 시기는 김봉태 선교사를 중심으로, 그리고 인도 선교의 협력과 조정의 시기는 이병성 선교사 중심으로 구분하여 선교 전략과 그 결과를 살펴볼 것이다.

1) 인도 선교의 이해와 정착

김영암 선교사는 1992년 9월 16일에 인도에 도착하여 사역을 시작했다.[41] 그의 선교초기에는 "인도의 기독교인들은 하층민이기 때문에 약하고, 계급사회에서 성공하기 어려우며, 교회와 목회자의 사회적 영향력의 한계로 선교단체의 후원만이 생존할 수 있다"[42]고 인도 선교를 이해했다.

또한, '인도인들을 지배하는 카스트제도와 인도교회'[43]라는 소제목으로 카스트 문제와 인도교회의 문제점을 보고하였다.[44]

인도는 계급제도가 있는데 교회에도 계급제도가 있는 것을 알게 되었습니다. 교회 목사가 자기보다 낮은 사람이면 그 교회에 나가지 않으며

---

[41] 첫 번째 편지는 1992년 10월 24일에 보낸다. 기독교대한성결교회 해외선교위원회, 『인도 김영암 선교사 선교 보고 자료모음집』, 98.
[42] Ibid., 95-96.
[43] 제6호 선교기도편지, 1994년 3월 7일.
[44] 기독교대한성결교회 해외선교위원회, 『자료집 35호 인도 김영암 선교사(1994)』(서울: 기독교대한성결교회 해외선교위원회)

시골로 갈수록 계급이 같은 사람들만이 모이는 것이 인도교회의 일상적인 현상입니다. 그런데 인도 크리스천들은 대부분 계급조차도 없는, 힌두교에서는 천민들입니다. 그런데 그들조차도 스스로 계급을 만들어 교회 안에서 서로 접촉을 않고 자기들의 계급 사람들만이 모여 예배를 드리는 것입니다. 그러므로 인도에서 크리스천들이 가지고 있는 계급의식은 인도교회의 큰 문제요 해결해야 할 과제입니다.

반면에 인도는 보수적인 나라이지만 홍콩의 '스타티비'(Star TV)와 같은 위성방송이 수신되어 인도 전역에서 세계의 뉴스나 유행, 스포츠, 음악 등을 여과 없이 시청할 수 있다. 그는 인도 선교의 하나의 가능성으로 방송매체를 통한 선교 전략으로 보았다.[45]

인도 선교 전략에 대한 그의 이해는 1992년 12월 5일에 보고된 장단기 선교 활동 사역 계획 보고서에서 찾을 수 있다.[46] 단기사역으로는 교회방문 설교, 교회 개척 및 건축 지원, 현지인 미자립교회 목회자 후원(160명)과 인도성결교회 목회 지도자 한국 초청을 통한 인도성결교회와의 협력 사역, 현지인 지도자 훈련 등을 계획했다. 장기 선교 사역으로는 인도성결교회 1,000교회 개척 사업협력, 제자 훈련 및 현지 지도자 양육, 직업학교 설립추진과 평신도 훈련을 통한 사회사업 참여 등을 계획했다.

---

[45] 기독교대한성결교회 해외선교위원회, 『'93 인도 선교 보고 자료(김영암, 인도성결교회)』
[46] Ibid., 85.

(1) 교회 건축 선교 전략

김영암은 교회 건축 현황에 대한 부정적인 보고를 한다. "초창기 한국교회에서 건축 후원금 500불로 코코넛 지붕교회(hut)을 세워졌으나 그 교회들은 찾을 수 없고 누가 후원했는지, 어디서 어떻게 교회를 지었는지 알 수 없다"는 것이다. "그러므로 230개 교회가 한국교회 후원으로 세워졌다는 것은 불확실하며 확인하는 것도 불가능하고, 다만 145개 교회 명단을 보낸 것이 ECI가 보고할 수 있는 내용이 전부"라고 했다. "에즈라 목사의 답변으로 볼 때 기성에서 계산하고 있는 239개 교회 건축 현황과는 차이가 있다."[47]

교회 건축문제에 있어서 그는 "선교사의 요청으로 건축금이 송금될 수 있도록 하고, 돈을 보내면서 교회를 지어달라고 하는 방법은 고칠 필요가 있으며 인도인에게, 인도 그리스도인들에게 꼭 필요한 것이 무엇인지를 먼저 파악하는 것이 중요하다고 보았다. 그는 또한, 인도성결교회의 능력으로는 1년에 20개 교회를 지을 수 없다"[48]고 평가했다.

그리고 "현재 107개의 교회의 봉헌교회가 있으나 건축금의 누수가 있다고 평가하고, 새로운 교회 건축을 할 경우에 3-4년을 기다려야 하고, 교회 건축을 할 경우에 건축계획 또는 건축 진행과정을 보고하지 않으며, 건축 후 계속적인 교회현황에 대해 본부와 후원자에게 보고를 하지

---

[47] Ibid.
[48] 총회장에게 보낸 1993년 9월 10일자 선교 보고., Ibid.

않는다는 문제가 있다[49]"고 지적했다.

(2) 재정지원 선교 전략

김영암은 교회 건축과 목회자 생활비 지원 등의 문제점을 해결하기 위한 재정지원 절차를 명문화하는 노력을 기울였다. 기성과 인도성결교회는 8개항으로 된 협력을 체결한다. 기성 해외선교위원회 위원 조일래 목사가 1993년 8월 27일 마드라스를 방문하여 인도성결교회와 협력 사역을 위한 회합을 가졌다. 참석자는 에즈라 살구남 감독, 조일래, 김영암, 오네시모, 고영만 수정교회 해외선교위원회 위원이다.

이것은 총 8개 항으로 구성되었다.[50]

> ① 인도교회 교회 건축 후원 요청을 위해 서류를 준비하여 해선위에 보낸다. 그 내용은 교회에 대한 사항과 교회 건축 설계도와 예산, 교회의 전망을 포함한다.
> ② 언급된 서류들을 준비하여 성결교회는 후원교회를 선택하고,
> ③ 건축후원금은 건축 진행에 따라 3번에 걸쳐 분할하여 지불하고,
> ④ 건축 후원한 교회들에 대한 보고서는 1년에 최소 한번씩 5년간 보내고,

---

[49] 기독교대한성결교회 해외선교위원회, 『인도성결교회(바인더 화일)』
[50] Ibid.

⑤ 보고서는 후원자가 만족할 수 있도록 작성한다.

⑥ 목회자 생활비는 개인당 4년간만 지급하고 1년에 2번의 보고서를 보낸다.

⑦ 건축 후원으로 지어진 교회는 1번씩만 지원하고 후원금을 보내지 않는다.

⑧ 인도성결교회에서 기성 선교국에 보내는 서류들과 진행과정에 관한 모든 보고서는 인도 선교부 선교사의 승인이 있어야 한다.

위 합의 내용은 해외선교위원회 위원장 손덕용 목사와 에즈라 살구남 목사의 사인으로 체결된다.

그는 1994년 11월 19일에 '인도 선교지 교역자 생활비 및 교회 건축의 건'의 보고에 맥가브란의 책(The Satnami Story)을 예로 들면서 "선교지를 개척하고 교회를 세우는 사회사업단체를 설립한 후 그들을 키우기 위해 일정기간 돈을 후원하여 그들이 자리를 잡아갈 때는 돈 주는 것을 중단할 때라고 느꼈고, 후원을 끊었다"는 것을 읽으면서, "인도성결교회의 자립을 위해 후원을 줄이거나 중단하는 것이 중요하다는 것과 인도교회와 돈으로 연결된 관계를 서서히 정리하고, 새로운 일을 위한 방안을 서로 찾아야 한다"[51]고 분석한다.

51　기독교대한성결교회 해외선교위원회, 『자료집 35호 인도 김영암 선교사(1994)』

그는 1997년 5월에 인도 선교 현황 보고에서 "인도성결교회는 당시 850교회, 30만 성도, 감독중심 정치로 이루어지고 있으며 2개의 신학교 (알라하바드, 마드라스)와 6개의 성경학교가 있다"[52]고 했다.

(3) 동반자 선교 전략[53]

그는 1997년 8월 1일에 KEHC와 ECI의 새로운 선교협력관계를 위한 제안과 인도방문 요청의 건의 1항에서 "향후 선교협력은 KEHC에서 일반적으로 후원하는 협력관계에서 현재 1998년 1월을 기준으로 1,000교회 기념대회(2개 신학교, 6개의 성경학교, 30만 성도)를 개최할 정도의 성장을 하였기에 자립능력을 인정하여 일반적으로 후원하는 관계에서 상호 협력하는 동반자 관계를 지향해야 한다"고 평가한다.

목회자 생활비 지원은 현재 109명의 목회자에게 50불씩 후원하고 있으나 미비한 사역보고와 인도성결교회의 성장에 따라 최소인원(30-50명)을 지원하여 향후 목회자 지원을 중단할 것을 검토하도록 해야 한다. 그는 멕시코의 신학교 사역을 감당하기 위해 향후 몇 년 간 KEHC와 ECI의 관계정리 새로운 동반자 관계가 구축될 때까지 선교사 파송을 유보한 후, 인도에 대한 새로운 선교 정책과 전략을 세워 약 3-4년 후 선교사를 파송할 것을 제안했다.

---

[52] 기독교대한성결교회 해외선교위원회, 『인도성결교회(바인더 화일)』.
[53] 기독교대한성결교회 해외선교위원회, 『인도성결교회(바인더 파일)』참조하라.

1996년 6월 30일에 '총무님 인도 방문 일정의 보고'에서 그는 한국 교회와 인도교회의 현재 문제에 대해 캘커타신학교 대지구입비에 대한 상황이 건축설계 상황의 일체보고가 없으며 보고요청에도 불성실하고, 한국의 선교부 목회자들의 방문 시에 거짓된 보고와 불성실한 태도에 에즈라 목사에 대한 불신을 증폭시키고 있어 협력정신에 우려를 표현했다.

그는 캘커타신학교 후원과정에서 "에즈라 살구남 목사 자신의 명예와 정치적 입지를 위해 목회자들의 사례를 강제 징수하거나 다른 종파들과 교류하고, 정치가들을 신학교 강단에 세우는 일, 마드라스 신학교의 확장이전과 고아원 설립 등에 대한 후원 요청에 대해 자립이 요원하다"[54]고 우려했다. 이것은 기성을 재정 후원자 이상으로 생각지 않는다. 이는 진정한 동반자 관계 형성이 요청되는 내용이다.

(4) 자립 선교 전략[55]

1995년 4월에 기성 인도 선교 참고자료에서 그는 기성의 인도 선교 정책을 평가하고, 에즈라 감독과 인도성결교회, 그리고 네비우스 선교 정책에 따라 인도성결교회의 선교 전략을 고민한다.

---

[54] Ibid.
[55] 기독교대한성결교회 해외선교위원회, "기독교대한성결교회 인도 선교 참고자료," 『인도성결교회(바인더 화일)』(서울: 기독교대한성결교회 해외선교위원회).

그는 한국교회가 공식적으로 인도교회에 교회 건축헌금을 시작한 1970년부터 1994년까지 모두 120개의 교회를 후원하여 건축하였음을 보고한다. 그 현황으로는 1986년에 9개 교회, 1987년도 13개 교회, 1998년도 6개, 1990년도 13개, 1991년도 1개, 1992년도 98개, 1993년도 11개, 1994년도 15개 교회이다.

교회의 건축후원금은 초창기에 50만원이면 지을 수 있었던 교회가 1990년대가 넘어가면서 3,000불이 되었고, 1992년도에 평균 3,800불, 1993년 이후부터는 6,300불 등이고, 최근에는 최하 5,000불에서 7,000불, 10,000불을 헌금하여도 다른 후원자들과 연합하여 교회를 건축한다는 것이다. 이는 건축자재와 노동자 임금 상승, 그리고 인도성결교회의 총회 본부에서의 행정비가 증가했기 때문이다.

그는 교회 건축 후원에 대한 문제점이 인도성결교회의 자립에 걸림돌이 된다고 평가한다. 기성은 건축금을, 인도성결교회는 땅을 준비하는 것이지만 이행되지 않고 있고, 인도성결교회의 건축 청사진이나 건축 완공이후에 회계보고서가 없고, 교회 상황에 대한 보고가 전혀 없다는 것이다.

기성에서 많은 금액을 먼저 보내고 건축을 재촉하는 일은 인도성결교회에 여벌의 후원금으로 생각하게 만들게 되었다. "지금까지 정확한 후원자와 후원교회 현황이 파악되지 않고, 한 교회를 건축하기 위해 후원자들을 이중, 삼중으로 받아 건축함으로 신뢰성을 잃고 있다. 이를 위해 인도에서의 교회 건축 후원은 인도교회가 자립하는데 걸림돌이 되고 있어 건축을 위한 인도의 선교방법을 재고해야 한다"[56]고 말한다.

그는 "목회자 생활비 후원에 대해서도 자립심을 잃게 하는 원인이 되는 것은 독재적인 교회 운영 방식의 인도성결교회에 이름만 보고 무작정 돈을 후원하는 일이 문제의 근본이며 후원교회와의 교제가 없는 선교비 후원은 맹목적이다. 후원받는 목회자의 교회에 대한 정확한 상황이 파악되지 않고 있는 것은 후원자들을 위한 정확한 보고를 하지 않기 때문이다. 이를 위한 과제로 선교사가 없는 선교지에 애정을 가지고 투자하는 것은 비성서적이다. 인도성결교회에 투자한 우리의 과거 선교는 내세울 수 없는 선교의 한 페이지이다. 선교사 없는 선교지는 맹목적이라"[57]고 평가한다.

그는 한국교회가 인도교회에게 돈을 후원한 영향은 교회 자립, 자치, 자전의 길을 막게 되었고, 교회 건축 비즈니스 양성, 독재자를 키운 사례를 만들어 냈다고 평가한다. 특히, 항상 외국의 선교단체에 의존하여 후원받으려는 인도교회 목사들의 태도에서 인도교회는 목회부재의 현상이 가속되고 있다. 그것은 한국교회가 인도교회의 자립의 기회를 더디게 했다는 자책과 함께 새로운 인도 선교의 전략을 세워야 할 때라고

---

[56] Ibid.
[57] Ibid.

보았다.

그러나 이러한 평가들은 인도성결교회에서 기성 선교사의 관계의 불신과 소통의 부재, 그리고 인도성결교회에서 전달한 보고서를 토대로 본국에 보고해야 하는 선교사의 입장 차이에서 발생한 문제라고 본다.

그는 인도 선교 전략을 정착하기 위한 방안을 다음과 같이 보고한다.[58]

> ① 교역자 생활비 지원을 일정기간 지속하여 인도교회 자립을 가속화할 것
> ② 캘커타신학교 건축을 계획대로 진행하되, 향후 한국성결교회 파송이사가 참여하여 신학교 운영의 일부분 참여하고 지역 교역자 양성을 후원할 것
> ③ 교회 건축은 가능한 줄이고 인도성결교회 자립하고 스스로 교회를 짓는 일을 격려하고, 국내 선교와 해외 선교, 목회자 양성에 한국교회의 목회 경험이 접목될 수 있도록 교류하고, 신학교육의 교류를 추진하고 동반자 교단으로써의 협력을 강화함, 이에 필요한 선교센터 건립을 후원하고, 신학생 또는 목회자 연장 교육을 후원할 것
> ④ 후원원칙은 94년도 협력 선교를 위한 협의사항에 준비할 것

---

[58] Ibid.

⑤ 현지 목회자나 신학생을 한국으로 직접 유학시켜 후원하는 것을 보류할 것

⑥ 어린이 선교를 위한 계획을 인도교회와 함께 세워 가능성을 타진하여 사역계획을 세울 것.

그는 1993년 3월 5일자의 선교 활동 보고와 3월 10일자 선교 기도 편지를 통해 관광비자로는 장기적인 체류가 어려워 한국 또는 인접국으로 이동하여 갱신하여 왔다. 1993년 9월 10일자 선교 보고에는 비즈니스 비자로 변동하는 방법을 모색하는 과정에 총회본부에 기독인 기업체와의 연결을 요청하기도 했다.[59]

위의 사실들을 통해 김영암 선교사가 인도사역을 종료하게 된 계기는 비자문제와 초기 인도 선교를 이해하고 정착하는 과정에서 인도성결교회 지도자들과의 관계의 어려움으로 분석된다.

2) 인도 선교의 방안과 구상

김봉태 선교사는 필리핀 나사렛대학에서 수학한 이후 인도에서 나사렛교단과 선교 사역을 감당하던 중에 1999년부터 정식 선교사로 활동

---

[59] 기독교대한성결교회 해외선교위원회, 『'93 인도 선교 보고 자료(김영암, 인도성결교회)』(서울: 기독교대한성결교회 해외선교위원회).

하고 있다. 그는 인도성결교회와의 선교 협력 방안을 구체적으로 계획하고 구상했다.

(1) 협력 선교 전략

김봉태는 구체적인 인도성결교회와 협력하면서 "인도 선교 전략"[60]을 현지인 교회 개척 및 건축전략과 현지인 목회자 및 평신도 지도자 교육 훈련 그리고 신학교 및 신학생 교육전략, 현지인 미자립교회 목회자 생활비 후원, 십자군 전도대, 크리스천 유치원(학교) 교육, 대학(대학교) 캠퍼스 선교 전략 등을 제시하고 이후에 해외선교위원회 인도 현지 선교부 운영규정을 만들어 팀 사역을 원칙으로 선교 전략을 실천했다.

인도성결교회와의 협력 선교 전략의 결과를 세 가지 정리한다.[61]

첫째, 동부 인도 캘커타에 캘커타신학교를 세운 것이다.

1998년 11월 11일에 한국도자기 주식회사 김동수 회장[62]의 건축후원금에 힘입어 우리교단의 이름으로 세운 것이다. 현재 부탄과 티벳, 2개국을 제외한 네팔, 방글라데시, 미얀마 3개국의 학생들이 재학하고 있다.

---

[60] 기독교대한성결교회 해외선교위원회, 『해외 선교 정책백서』, 175-177.
[61] 기독교대한성결교회 해외선교위원회, 『해외선교위원회 40주년 기념 선교 백서』, 161-164.
[62] 신촌성결교회 원로장로

둘째, 남부 인도 첸나이에 쓰나미 성결타운을 건립한 일이다.

2005년에 12월 25일에 인도네시아에서 발생한 쓰나미로 인도 남부지역에 많은 피해로 15,000명의 이재민이 발생했다. 우리 교단 총회 본부에서 긴급 구호금을 헌금하여 100채의 독립가옥과 1채의 교회 겸 마을 공동 회관을 건립하고 2007년 1월 31일에 봉헌식[63]을 가졌다. 그리고 신촌교회에서 단독으로 구호헌금으로 추가 100채[64]가 건립되었다. 특이한 사항은 인도 연방정부에서 행정적인 처리로 타밀나두주 정부에서 성결 타운을 건립할 대지 3만 평을 기증한 것이다.

셋째, 첸나이에 우리 교단 창립 100주년 기념교회를 세웠다.

2009년 6월 26일 당시 직전 총회장 이정익 목사와 총회장 권석원 목사가 봉헌했다. 그는 1999년 4월 23일과 1999년 4월 26일에 '인도 선교 실태와 방안 보고'와 2001년 2월 13일에 '인도 선교 사역 계획 제안보고서'에서 인도성결교회와의 협력 선교 전략의 장단점을 제시한다.[65]

인도성결교회 교단과 협력할 때의 장점은 다음과 같다.

---

[63] ECI, *KEHC-ECI Housing Project for Tsunami Victims* (Chennai: ECI, 2007).
[64] ECI, "Completion of 100 houses for the Tsunami victims," *Church Planter* 2009. 7. (2009): 5.
[65] 이것은 인도 나사렛 성결교회(NCI) 협력 선교방안과 인도성결교회(ECI) 협력 선교방안, 그리고 기독교대한성결교회(KEHC) 단독 선교방안 등이다.

① KEHC-OMS-ECI 협력 선교가 계속 유지될 수 있다.
② 인도 전체 종족 선교의 기반을 조성할 수 있다.
③ 남부 선교에서 중부, 서부, 북부 지역으로 발전할 가능성이 있다.

인도성결교회 교단과 협력할 때의 단점은 다음과 같다.

① 타밀인 우선 선교인 인도성결교회의 인도 전 종족 사역의 한계가 있다.
② 인도성결교회가 기성에 재정 후원을 계속 의존한다.[66]

(2) 선교권역 확대 선교 전략

그는 "동남아 선교 전략대회"[67]에서 토의된 내용을 본부에 제안 평가서 형식으로 KEHC 해외 선교 기본정책과 ECI와의 선교 사역 개선방안을 보고한다.[68] 토착교회 개척부분에 있어서 ECI는 남부 인도 타밀나두 주의 제한된 지역 및 종족사역에서 벗어나 인도의 전 종족과 전 지역을 행해 복음을 들고 나가도록 KEHC의 계속적인 협력 선교가 요구된

---

[66] 기독교대한성결교회 해외선교위원회, "인도 김봉태 선교사(1999.4-2001.8)," 139.
[67] 기독교대한성결교회 해외선교위원회는 2001년 3월 5일부터 9일까지 동·서남아시아 선교 전략대회를 방콕에서 가졌다.
[68] 2001년 4월 19일.

다고 평가하고 중서부 및 북부 인도의 전종족 선교를 향해 전진할 수 있는 선교기반 조성과 발전을 증진할 필요성을 건의하였다.[69]

아래의 표는 인도성결교회가 타밀 중심의 교회로 구성되어 있음을 보여준다.

표-7. 인도성결교회 현황(2001)[70]

구분	주요지역	교회 수	비고
남부 인도	첸나이	276	타밀인 중심 교회
	벵갈로르	40	타밀인 중심 교회
	하이데라바드	235	타밀인 중심 교회
북부 인도	뉴델리	19	타밀인 중심 교회
동부 인도	캘커타	32	타밀인 중심 교회
서부 인도	뭄바이	31	타밀인 중심 교회
중부 인도	뿌네	1	타밀인 중심 교회
기타	전 지역	18	타밀인 중심 교회
합 계		652	남부 인도에 편중(85%) 타밀인 중심

---

69 기독교대한성결교회 해외선교위원회, "인도 김봉태 선교사(1999.4-2001.8)," 『선교사 자료집 4호 (베트남, 싸이판, 이스라엘, 인도)』(서울: 기독교대한성결교회 해외선교위원회), 179-188.

70 Ibid., 145.

174 인도 선교 전략

이를 실천하기 위해 그는 '총회장단 인도성결교회 방문 결과 보고'[71]에 이병성, 김미선 선교사 배치문제에 대해 기성은 1978년부터 인도성결교회와의 협력 선교를 통해 남부 인도 선교(현재 1,162개 교회 개척)에만 치중해 왔기 때문에 앞으로 북부 인도 선교(현재 79개 교회 개척)에 중점을 두는 선교를 위해 그가 거주하고 있는 뿌네지역에서 언어훈련과 함께 팀 사역의 필요성을 제시한다.[72]

그는 기성 인도 선교부의 선교 전략을 7개항의 선교 사역을 6개 선교 권역에서 사역할 것으로 제안한다.

① 캘커타를 중심으로 한 동북부 인도

② 뭄바이 및 뿌네를 중심으로 한 서북부 인도

③ 첸나이를 중심으로 한 제1남부 인도

④ 벵갈로르를 중심으로 한 제2남부 인도

⑤ 알라하바드 및 델리를 중심으로 한 북부 인도

⑥ 하이데라바드를 중심으로 한 중부 인도

그 사역에 대한 전략은 다음과 같다.[73]

---

[71] 2004년 1월 30일., 선교 보고 제4-2호.

[72] 기독교대한성결교회 해외선교위원회, "인도 김봉태 선교사(2001.10-2004.5),"『선교사 자료집 3호 (일본, 인도네시아, 인도)』(서울: 기독교대한성결교회 해외선교위원회), 226-227.

[73] 기독교대한성결교회 해외선교위원회,『해외선교위원회 30주년 기념 선교 백서』,

첫째, 현지인 교회 개척과 건축전략이다.

가정교회의 성도수가 30가정이 넘게 되면 교회 건축을 추진한다. 교회 건축을 추진할 때는 교회 건축을 할 수 있는 대지는 현지인 교회 성도들의 헌납과 헌금으로 구입하는 것과 인도성결교회 총회 본부에서 지원하는 것을 원칙으로 하고, 건축 비용은 한국의 개 교회와 선교회 등을 통해 선교사가 모금한다.

둘째, 현지인 목회자 및 평신도 지도자 교육 훈련 전략이다.

인도 선교부의 사역지를 중심으로 년 1-2회씩 한국에서 특별강사 및 교수를 초빙하여 현지인 목회자 및 평신도지도자 교육 훈련을 실시한다.

셋째, 신학교 및 신학생 교육전략이다.

연차적으로 3개 신학교에 교수요원 선교사를 보직하며 신학교 후원이사회의 조직을 추진하여 이사회를 통해 세부적인 방침을 세우고 후원이사회의 지시에 따라 사역한다.[74]

넷째, 현지인 미자립교회 목회자 생활비 후원전략이다.

현지인 미자립교회 목회자 생활비모금은 해당선교사가 모금하는 것을 원칙으로 한다. 후원금은 선교국에서 통합관리하며, 후원금 집행은

174-177.
[74] 기독교대한성결교회의 후원으로 건립된 캘커타신학교를 포함하여 마드라스신학교, 그리고 알라하바드 신학교 등이다.

인도성결교회 총회본부와 현지선교부가 공동으로 한다.

다섯째, 십자군 전도대 공동 사역전략이다.

인도성결교회 각 교구에 속한 인도 각 지역의 십자군 전도대 야전직할대 팀(Field Coordinator and Team)과 함께 공동 사역한다.

여섯째, 크리스천 유치원(학교) 사역전략이다.

크리스천 유치원 사역은 연방정부 혹은 주정부의 정식인가를 받아서 운영하며 헌신되고 자격증이 있는 크리스천 현지인으로 교사를 채용하여 사역한다.

일곱째, 대학(대학교) 캠퍼스 전도전략이다.

대학생의 특별활동 시간과 방학 등을 이용하여 성경공부 프로그램 등을 개발하여 학생 스스로가 참여할 수 있도록 기회를 조성하여 복음전도의 호기를 삼는다.

상기 7항의 선교 사역 외에도 다양한 사역을 발전시켜야 한다. 그러나 팀 사역을 원칙으로 하기 때문에 추가되는 사역은 현지 선교부 총회에서 심의 및 가결한 후에 해외선교위원회의 승인을 얻어 시행하도록 했다.

(3) 북동부 집중 선교 전략

김봉태는 '향후 선교 계획서'[75]에서 캘커타신학교[76]를 중심으로 사역할 것을 보고하였다. 이는 신학적 중심의 효과적인 선교 전략 방안으로 북동부 인도출신 학생들을 발굴하여 교육 훈련을 시키며 인도와 국경을 인접한 6개국(방글라데시, 부탄, 티베트, 미얀마 중국 및 네팔 변방지역) 학생들도 선발하여 교육시킨다는 계획이다. 그리고 어린이 선교를 위한 현지인 목회자 및 평신도 교육 훈련을 발전시킨다고 계획이다. 캘커타신학교 방학기간을 이용하여 북동부에서 사역하는 현지인교회 목회자 및 평신도 교육 프로그램을 개발하여 체계적이며 단계적으로 교육시키는 방안이다.

특히 북동부 인도에는 현지인 목회자 재교육 프로그램과 평신도 지도자 교육 프로그램을 가지고 사역하고 있는 선교기관이나 신학교가 거의 없는 실정이다. 그러므로 기성의 인도 선교는 남부 인도에 집중된 선교를 서부와 북부 인도 지역으로 확대하되 북동부에 집중하는 전략을 방안을 마련한 것이다.[77]

---

[75] 2010년 12월 15일.
[76] 김봉태 선교사는 2018년 2월 1일부로 인도성결교회 캘커타 지역총회와 인도성결교회 캘커타신학교의 성장과 발전에 전폭적인 협력과 헌신적인 활동을 기대하며 인도성결교회에서 캘커타신학교의 이사장과 감독대리인으로 임명되었다. ECI, 「37th Biennial All India Conference: Bishop-President Address」, (Chennai: ECI, 2018), 102.
[77] 기독교대한성결교회 해외선교위원회, "김봉태," 『선교사 자료집(2010-2011) 4권 이집트, 인도)』(서울: 기독교대한성결교회 해외선교위원회), 188.

그는 '2017년 이후 인도성결교회와 기성 관계에 대한 제언'을 통해 "기성은 계속하여 교회 개척 및 건축을 후원하며, 3개 신학교와 10개의 성경학교를 졸업하는 학생들이 29개의 각 주 및 대도시, 중소도시와 농어촌과 오지에서도 사역할 수 있도록 후원하고 격려해야 한다. 이를 위해 기성 해외선교위원회 소속인 인도신학교 후원이사회 활동도 활발해야 한다.[78] 인도에는 아직도 힌두사원과 모슬렘 모스크가 교회보다 훨씬 많다. 그러므로 인도의 곳곳에 크고 작은 교회가 가득해야 한다. 이를 위해서는 교회 개척과 건축 그리고 신학생 교육 훈련이 지속적으로 필요하다"[79]고 했다.

그는 인도의 전략적 중요성을 세 가지로 본다.[80]

첫째, 다양한 언어와 종족을 가진 나라고 토착적인 교회를 세울 수 있는 곳이다.

둘째, 영어에 능숙한 선교사 파송이 가능하고, 중동, 중앙아시아가 가까운 지정학적 위치가 선교의 전진기지로서의 기능을 감당할 수 있다.

셋째, 미국 헐리우드 영화 산업을 극복하고 자국 영화산업 및 문화를 지켜나가고 있다.

---

[78] '캘커타신학교 후원이사회'는 2015년 7월 1일자로 기독교대한성결교회 해외선교위원회에서 해외신학교 일원화를 위해 '인도신학교 후원이사회'로 변경되었다.
[79] 기독교대한성결교회 해외선교위원회, 『해외선교위원회 40주년 기념 선교 백서』, 164.
[80] Ibid., 168-169.

불리우드와 한류로 대표되는 독특한 자국 문화 컨텐츠를 이루고 있는 인도와 한국이 선교적인 문화교류와 연합 사역으로 선교의 큰 시너지 효과를 기대할 수 있다.

이와 같이 김봉태 선교사는 기성의 인도 현지 선교부를 조직하고, 구체적인 사역들을 구상하여 실천하려는 노력을 기울였다.

3) 인도 선교의 협력과 조정

이병성 선교사는 인도 선교 전략과 사역을 다음과 같이 계획했다.[81]

① 집단개종을 위한 선교방법을 연구하고, 인도교회로 하여금 선교하도록 한다. 선교사의 삶과 사회봉사 혹은 사회개발 사역을 통해 선교지에서 복음 증거의 접촉점으로 삼고, 복음주의적인 선교단체를 지원하고 협력하는 것이다.

② 기성의 선교 전략인 건축지원과 미자립교회 생활비 지원, 그리고 지도자 초청교육, 평신도 선교사 파송, 현지 신학교 지원을 지속한다.

③ 단계별로 순회전도 및 교회 개척과 교회 건축 및 교역자 생활비 지원, 그리고 제자훈련 및 지도자 양성, NGO 사역, 청소년 문화사역,

---

[81] 2004년 1월 7일.

인도 선교 백서 발간, 상황화연구소 설립 등을 사역한다.

그의 선교 전략과 사역의 결과는 다음과 같다.[82]

(1) 교회 건축 선교 전략

① 교회 건축의 필요성

기성은 1978년부터 활발하게 인도성결교회에 건축을 지원하여 1999년까지 199개의 교회를 건축했다. 교회는 서구 형태로 기독교가 서구의 종교이며 인도 문화와 다른 종교로 평가받는다. 그리고 일반건물과 다른 형태로 공격에 노출될 수 있다. 그러나 교회 건축은 공간적인 필요 때문이다. 건축 후원은 평균적으로 50명 이상일 때에 건축이 진행된다. 교인수가 많아도 인도성결교회는 재정능력은 부족하여 스스로 교회를 건축하기 어렵다. 인도인들은 타종교에 대해 배타성이 강한 사람들도 있으나 종교시설에 대한 경외심은 가지고 있다. 또한, 교회가 마을회관 등과 같은 중심 역할을 감당할 수 있는 기회가 된다.

---

[82] 이병성,「이병성 선교사 선교종합 분석자료집」, 24-25.

② 교회 건축의 현황과 과제

기성의 전폭적인 지원으로 2017년 5월까지 총 502개 교회(건축 과정 중인 것 포함)가 건축되었다. 교회 건축은 인도교회와 기성의 동반자관계를 이루었고, 기성의 선교열정과 사랑을 전달하는 중요한 매개체가 되었다. 이것은 인도성결교회에 자립정신을 일깨워주는 계기가 되었다.

건축 지원은 인도성결교회 초기에 외국 교단 혹은 단체의 의해 지원되었으나 지금은 도시교회와 개인을 통해 지역교회 혹은 타 지역에 교회 건축을 후원하는 사례가 많아졌다. 이는 자립적인 건축으로 발전한 것이다.

인도성결교회의 교회신축과 개축, 그리고 사택 등을 봉헌한 결과 2016년 11월부터 2018년 9월까지 총 33곳 중에 기성이 단독으로 지원한 것은 17곳, 기독교대한성결교회 지역교회가 공동으로 지원한 것은 3곳, 인도성결교회 자체 지원이 10곳, 인도성결교회와 외부 선교단체의 공동 지원이 1곳, 외부 선교단체의 단독지원은 2곳이다.[83]

---

[83] ECI, "ECI Annual Statistics," 『37th Biennial All India Conference: Bishop-President Address』(Chennai: ECI, 2018), 7.

표-8. 인도성결교회 건축지원 지역현황[84]

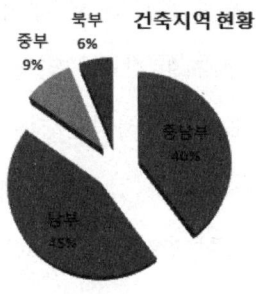

표-9. 인도성결교회 건축지원 교회현황(110개 교회의 평균)

후원금액	교인수	세례인수	어린이	총교인수
1127만원	112명	75명	48명	160명

표-10. 인도성결교회 건축지원 한국교회현황

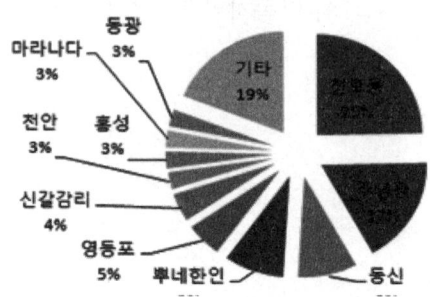

---

[84] 안드라 프라데쉬 주는 중남부, 타밀나두 주는 남부로 표시한다.

표-11. 인도성결교회 건축후원 연도별 봉헌현황

이병성 선교사가 인도에 건축한 교회는 한국에 귀국하기까지 공식적으로 130개 교회다.[85] 2013년까지 건축 중인 2개 교회를 포함하여 110개를 건축한 교회를 분석한 바에 의하면 교회 건축의 분포가 중남부와 남부 지역을 합쳐서 85%에 이른다.[86] 이것은 인도성결교회가 인도 남부에 집중되어 있으나 앞으로도 인도교회 건축의 필요성과 한국교회의 해외교회 개척과 건축을 계속해서 지원하되 인도교회의 역량과 수준, 그리고 전략지역과 교회 건축의 필요성이 절실한 지역에 교회가 세워질 수 있도록 선별해야 할 것이다.

인도성결교회 건축 규모에 따라 차이는 있으나 건축 후원한 교회의 평균 금액은 1,127만원이며 총 교인수가 160명이 된다는 것은 재정적인 필요가 있는 교회가 적절하게 건축되었다.

---

[85] 2018년 8월 1일.
[86] 이병성, 「이병성 선교사 선교종합 분석자료집」, 46.

(2) 순회전도와 교회 개척 선교 전략

2018년 인도성결교회는 70% 이상이 남부 인도에 분포되어 있다. 앞으로 인도중부와 북부에 집중적으로 선교해야 한다. 중서부의 경우에는 뿌네와 뭄바이 지역을 중심으로 인도 십자군 전도대원들을 파송을 받아 교회가 개척되고 건축될 수 있도록 독려하는 것이다. 그리고 현재 전략적으로 배치되어 있는 교단 선교사들의 지역을 중심으로 인도성결교회 현지 목회자와 십자군 전도대와 협력을 확대하는 것이다.

(3) 교역자 생활비 지원 선교 전략

인도성결교회는 90% 이상 미자립교회다. 특히 인도성결교회는 30-50명 교인들이 모이는 교회라도 교역자 생활비 지원이 상당히 어렵다. 목회자 생활비 지원에 대한 바울의 재정정책은 스스로 일을 함으로 자신과 그의 동료들의 쓸 것을 감당했다. 그는 자신이 설립한 교회들이 처음부터 자립하기를 기대했다. 가난한 교회들일지라도 다른 사람의 궁핍을 돕기 위해 헌금하도록 격려했다.

인도성결교회에 지원되는 기성의 후원금은 인도성결교회 재정부에서 통합 운영하여 각 교회로 보내진다. 앞으로 인도성결교회의 지역총회와 도시 자립교회들을 통해 시골지역과 미자립교회 교역자 생활비를 지원, 협력하도록 독려할 필요가 있다.

재정적으로 지원하는 것 이외에 교회 건축이 이루어진 교회를 중심으로 교역자 가족에게 젖소와 염소를 후원하여 생활을 돕는 일도 진행했다.[87]

(4) 지도자 양성 선교 전략

인도성결교회 선교 사역 중 가장 중요한 부분의 하나로 현지 교역자를 양성하는 일이다. 마드라스 신학교에는 130명[88], 알라하바드 신학교에는 173명, 캘커타신학교에는 55명의 학생들이 재학하고 있다. 또한, 권역별로 10개의 성경학교에는 151명의 학생들이 있다.[89] 기성에서 캘커타신학교를 협력하여 건축하고, 인도 후원이사회를 통해 신학교를 후원하고 있다. 선교사는 신학생의 학업을 지원하고, 신학교 교수사역과 행정지도, 그리고 목회자 연장 교육을 협력하고, 외래 교수를 초청하여 수업을 진행했다.[90]

이병성 선교사는 뭄바이신학교 외래교수로 부정기적으로 방문하여 목회와 전도에 대한 강의를 하였으며 마드라스 신학교를 방문하여 함께 예배하고 한국교회와 한국성결교회의 특징을 가르쳤다.

---

[87] Ibid., 69-70.
[88] 단기과정을 포함하면 515명이다.
[89] ECI, "ECI Annual Statistics," *37th Biennial All India Conference: Bishop-President Address* (Chennai: ECI, 2018), 88-178.
[90] Ibid., 78-79.

(5) 학원 선교 전략

발세와(Bal Seva) 학교는 힌두교도들이 밀집한 뿌네 외곽지역에 위치한 학교는 크리스천 유치원으로 시작했다. 발세와 학교는 2006년에 대지를 구입하여 2018년 현재 유아반에서 10학년까지 30명의 교사가 약 1,000의 어린이들을 가르치고 있다.[91] 장기적으로 넓은 대지를 구입하여 교사를 확장함으로 힌두교를 떠나서는 살 수 없는 사회에서 자유롭게 복음을 전하도록 하는 전략이다. 입학하기 전에 부모에게 기독교 교육에 대한 동의를 얻어 교육하고 있다. 학교 안에서 합법적으로 신앙교육을 할 수 있기 때문에 학원 선교 전략은 어린이와 청소년 선교에 유용한 선교 전략이다.

(6) 한인교회 협력 선교 전략

인도의 뿌네한인교회는 기성 동남아직할지방회 소속으로 유학생과 기업체 직원, 선교사 가정 등을 포함하여 매주일 평균 120여명이 출석하고 있다. 뿌네는 교육도시로 전 세계 100여 개 나라에서 온 학생들이 공부하고 있다. 또한, LG와 포스코, 그리고 현대중공업과 같은 대기업과 협력업체의 주재원들이 상주한다. 이런 측면에서 한인교회의 중요성은 지대하다. 뿌네한인교회는 새신자들의 비율이 높고 선교 사역에 동

---

[91] 발세와(Bal Seva)학교는 '아이들을 섬기는' 학교라는 뜻이다. Ibid., 62-68.

참할 수 있는 선교자원이다.[92]

인도의 한인교회는 특별한 선교적 역할을 요청받고 있다.[93] 전임 선교사들이 도시 중산층 현지인들에게 전도의 기회를 갖기 어려운 상황에서, 한인교회는 학교와 비즈니스를 통해 복음을 전하는 전도자를 양성할 수 있다.

뿌네한인교회는 1998년 1월 28일에 한국인 유학생의 증가와 한국 기업체 진출에 따른 필요성에 김봉태 선교사를 중심으로 세워졌다. 이후 이병성 선교사가 비공식[94], 공식[95]적으로 담임하면서 계속 성장했다. 2013년 6월 2일에 작성된 근거로 그 교인 현황(교인수-145명, 평균 출석-122명)을 알 수 있다.[96] 그리고 2014년 7월 "코인센터(Korea-India Cultural Centre) 문화원"[97]을 설립하여 문화원 내에서 예배와 한인사역이 계속되고 있다.

---

[92] 2013년까지 이병성 선교사 책임 하에 건축된 110개의 교회 중에 10개 교회가 뿌네한인교회후원으로 건축되었다. Ibid., 71-77.
[93] 전기영, 『인도 선교의 이해(Ⅰ)』, 57.
[94] 2005년 4월부터 2007년 9월까지.
[95] 2007년 9월부터 2015년 8월까지.
[96] 이병성, 「이병성 선교사 선교종합 분석자료집」, 71., 기독교대한성결교회 뿌네한인교회, 2006-2015년를 위한 사무총회록」(미간행 인쇄물), 2005-2014.
[97] 정부에 정식으로 등록되었다. Government of India Ministry of Corporate Affairs Office of the Registrar of Companies, Maharashtra, Pune, *Certificate Of Incorporation*, KCCP, 2014. 6., Government of India Ministry of Corporate Affairs Office of the Registrar of Companies, Maharashtra, Pune, *Certificate of name approval*, KCCP, 2014. 5.

표-12. 뿌네한인교회 기관별 교인분포도

기관별 교인분포도

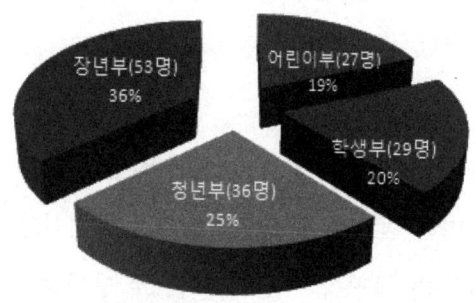

표-13. 뿌네한인교회 교인 주재유형 분포도

주재유형별 교인분포도

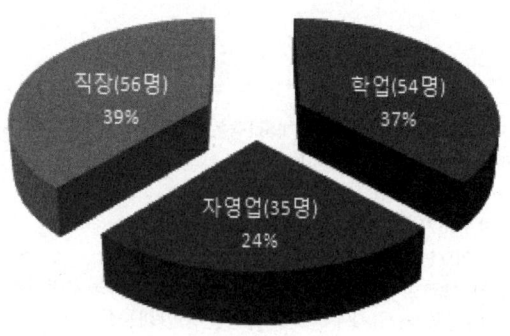

제4부　제1장　인도성결교회의 선교 전략 동반자　189

표-14. 뿌네한인교회 연도별 증감표(재적수, 출석수, 경상비, 건축비[98])

연	2006	2007	2008	2009	2010	2011	2012	2013
재적수	68	77	126	103	135	140	145	155
출석수		71		94	93	107	109	122
경상비		5,70,388	28,66,179	27,50,722	30,42,286	41,46,614	60,58,699	
건축비			7,00,000	10,95,456	15,99,856	20,41,998	25,38,548	

표-15. 뿌네한인교회 연도별 재적, 평균 출석 증감 현황[99]

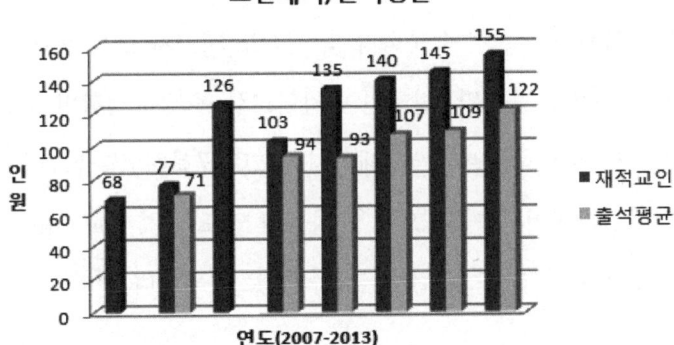

위와 같이 이병성 선교사는 적극적으로 인도성결교회와 기성과의 조정자(Mediator)로 자임하면서 교회 건축과 쓰나미 성결마을 건립과 신학

98　재정단위는 루피(Rupee)로 인도 통화이다.
99　2008년에 교인 재적을 정리했다.

교 사역에 적극적인 협력을 이루었고, 선교 사역을 분석함으로 선교 전략을 세우고 조정하는 일들을 감당했다.[100]

그 밖에 박승일 선교사는 재계약 청원서[101]에서 지난 2006년부터 2011년까지의 사역은 언어 연수와 퍼거슨 갈리지(Fergussion College) 캠퍼스 중심 선교 전략과 뿌네한인교회 협력 선교 전략, 그리고 교회 건축 선교 전략, 음악학원(Royal Sun Music Academy)을 설립하여 사역했고, 2011년부터의 사역[102]은 도시 선교와 중산층 선교, 그리고 음악학원을 통한 문화, 예배사역, 그리고 신학교사역 등을 계획했다.

인도 현지선교부는 "운영내규"[103]를 만들어 사역전략을 현지인교회 개척과 건축사역과 현지인 목회자 및 평신도 지도자 교육 훈련사역, 신학교 및 신학생 교육사역, 현지인 미자립교회 목회자 생활비 후원사역, 그리고 크리스천 유치원 사역, 대학사역으로 구분하였다. 그리고 이후에 음악학원사역이 추가되었다.[104] 기성의 인도 현지선교부는 선교 전략을 확대하되 원칙적으로 팀 사역을 하기로 결의했다.[105]

---

[100] ECI, "Farewell to Rev. Steven Lee of South Korea," *Church Planter* 2015. 6. (2015): 1.
[101] 2011년 1월 19일
[102] 기독교대한성결교회 해외선교위원회, "박승일," 『선교사 자료집(2010-2011) 4호 이집트, 인도』(서울: 기독교대한성결교회 해외선교위원회), 2-6.
[103] 2006년 5월 29일에서 31일까지 첸나이에서 선교사 총회가 있었다.
[104] 김봉태, 『2017-2018년도 감사보고서』(미간행 인쇄물, 2018. 4. 30), 14-16.
[105] 기독교대한성결교회 해외선교위원회, "인도 김봉태 선교사," 『선교사 자료집 6호 인도』(서울: 기독교대한성결교회 해외선교위원회)

제4부 제1장 인도성결교회의 선교 전략 동반자 191

표-16. 기성 인도 파송 선교사 인적 사항과 사역 내용[106]

	성명(생년)		파송일자(훈련원)	사역지	자녀관계	사 역 내 용
1	김봉태 (대표)	55	1999. 3. 4.(#9)	캘커타	자녀(1): 0	ECI 전체교구/ ECI 3개신학교교수/교회 개척 및 건축
2	박승일 김00(총무)	69	2006. 3.13.(#16)	뿌네	자녀(3): 00, 00, 00	뭄바이교구/UBS교수/목회자교육 훈련/ 교회 개척 및 건축
3	허00, 유00 (서기)	65	2006. 4.13.(#16)	벵갈루루	자녀(3): 00, 00, 0	벵갈로르-꼬임바똘교구/음악교육 훈련/교회 개척 및 건축
4	곽00, 신0 (회계)	71	2007. 3. 6.(#17)	캘커타	자녀(3): 00, 00, 00	어린이교육 훈련/교회 개척 및 건축
5	이00, 이00	60	2009.10. 9.(#20)	알라하바드	자녀(1): 00	알라하바드-델리교구/목회자교육 훈련/교회 개척 및 건축
6	오00, 정00	68	2010.10. 8.(#21)	뿌네	자녀(2): 00, 00	비즈니스 선교 (2017. 5. 25. 시작)
7	전00, 장00	74	2012. 1.30.(#22)	뉴델리	자녀(2): 00, 00	알라하바드-델리교구/대학교캠퍼스/교회 개척 및 건축
8	탁00, 고00	60	2012.10. 9.(#23)	뉴델리	자녀(3): 00, 00, 00	알라하바드-델리교구/대학교캠퍼스/교회 개척 및 건축
9	이00	69	2014. 5.26.(#24)	뿌네	자녀(3): 00, 00, 00	뭄바이교구/BBS교수/목회자교육 훈련/교회 개척 및 건축
10	윤00, 류00	69	2014. 5.26.(#24)	첸나이	자녀(2): 00, 00	첸나이교구/MTSC교수/교회 개척 및 건축

[106] 보안상 이름은 밝히지 않았다. 2018년 3월 31일 기준., 기독교대한성결교회 해외선교위원회, 『해외선교위원회 40주년 기념 선교 백서』, 170, 김봉태, 『2017-2018년도 감사보고서』, 2018. 4. 30., 13. 기독교대한성결교회 해외선교위원회, 『해외선교위원회 30주년 기념 선교 백서』, 178, 참조.

제2장

인도성결교회의 선교 역사와 전략

1. 인도성결교회의 선교 역사

　인도성결교회(Evangelical Church of India, 이하 ECI)는 자생적인 교단 중에 하나이다.[1] 인도성결교회는 1901년 일본에서 선교를 시작한 동양선교회(Oriental Missionary Society, OMS International, 이하 OMS)[2]의 카우만(Mr.

---

[1] Stephen Joseph, "Evangelical Church of India," in Roger E. Hedlund (ed.), *Oxford Encyclopedia of South Asian Christianity* Vol. I (New Delhi: Oxford University Press, 2012), 249.

[2] OMS International은 과거 Oriental Missionary Society로, 현재는 One Mission Society로 표기한다. OMS의 '사중 전도전략'은 ① 사중 복음에 근거한 개인 전도전략, ② 자립적이고 토착적이고 재생산적인 현지인 교회 조직전략, ③ 성경학교나 신학교를 세워 현지인 자녀를 양육하고 지도자로 성장시키는 전략, ④ 선교지 교회와의 융통성 있는 협력 선교 전략이다. 김종웅, "오엠에스 선교 전략에 대한 소고," 「활천」514권 9호 (1996): 27-32.

Charles E. Cowman)³과 길보른(Mr. Elmer Kilbourne)⁴에 의하여 개척되었다. 인도성결교회 역사는 세 시기로 구분할 수 있다.

① 1952년에서 1968년까지 OMS 선교사 주도로 ECI 개척되고 성장했던 시기
② 1969년에서 1978년까지 OMS의 주도권이 ECI 내국인 행정지도 체제로 독립되었던 시기
③ 1978년부터 현재까지는 KEHC-OMS-ECI의 동반자적 협력 사역(Partnership in Mission)으로 성장되는 시기⁵

OMS의 인도 선교⁶는 1941년에 시작되었으나 1955-1956년에 첫 번째 교회가 개척되고 북인도 알라하바드(Allahabad)에 신학교를 세우면서 본격적으로 시작되었다.⁷ 그 후에 1967-68년까지는 OMS 세계선교집

---

3   카우만(Charles E. Cowman, 1868-1924)는 OMS의 창립자와 회장으로 시카고 전신 사무실의 성공적인 사업가로, 회심한 이후 75년간 주를 위해 헌신하고, 전신선교협회를 구성한 이후에 OMS를 세우게 되었다. M. Ezra Sargunam, *Multiplying Churches in Modersn India* (Madras: Federation of Evangelical Churches in India, 1974), 53.
4   ECI, "God's Call on My Life to India," *Church Planter* 2012. 10. (2012): 1-6. ECI, "Home-Call of Dr. Elmer Kilbourne," *Church Planter* 2017. 5. (2017): 1-2.
5   기독교대한성결교회 해외선교위원회, "인도 김봉태 선교사,"「선교사 자료집 6호 인도」
6   ECI, *Manual of the Evangelical Church in India* (Chennai: ECI, 2004), 5.
7   ECI, "...Dr. Wesley Duewel..,." *Church Planter* 2011. 9. (2011): 1-5.

행위원회(OMS Field Executive Committee)의 지도하에 있다가 1969년 인도 교회에 자치권을 인정받게 되었다. 이 시기는 해외 선교사들의 비자가 거부되는 상황이었다. 교회 행정체계가 현지 교회에 이양되는 어려운 시기에 조 블랙(Joe Black)이 1970부터 1972년까지 지도력을 담당하다가 1972년에 에즈라 살구남 목사가 인도성결교회 최초의 현지 대표로 선출되어 임명되었다.

ECI는 1975년까지는 ECC(Evangelical Christian Church)와 ECCI(Evangelical Christian Church of India)로 인도연방정부에 등록[8]되었다가 1976년부터는 ECI(Evangelical Church of India)로 공식으로 재등록되었다.

ECI 총회(All India Conference of ECI)에서 ECI 운영제도를 1992년 11월부터 감독제 교회제도(Episcopalian Form of Church)로 전환[9]하여 1993년 2월 13일에 초대 감독에 에즈라 살구남 목사(Rev. Dr. Ezra Sargunam)가 선출되어 초대 감독회장[10]으로 사역했다.[11]

OMS 선교사들의 목적 중에 하나는 인도 전역에 교회를 세우는 것이었다. 세워지는 교회들은 단지 복음을 전하여 회심하게 하는 것이 아니

---

[8] ECI, *33rd Biennial All India Conference: Bishop-President Address* (Chennai: ECI, 2010).
[9] D. Sunder Singh, *Evangelical Church of India–A Missional Church*, National Missions Consultation (2018. 1. 30-2. 1.). YMCA, Chennai, 1.
[10] 여기에서는 연구의 흐름상 총회장으로 표기한다.
[11] 기독교대한성결교회 해외선교위원회, 『해외선교위원회 30주년 기념 선교 백서』, 171-172.

라 회심한 종족과 교회 안에 자전, 자치, 자립하게 하는 것이었다.

그러나 에즈라 살구남 목사는 19세에 첸나이 외곽에 있는 포룰(Porur)에 첫 번째 교회를 개척한 이후에, ECI의 초기 교회 개척 사역에 어려움을 겪었다. 1972년까지 5천 명이 넘는 성도[12]와 36개의 교회가 세워질 당시에 100교회 개척 목표를 세웠다.[13] 이 목표는 1977년에 달성되었다.

에즈라 살구남 목사는 인도성결교회의 비전을 다음과 같이 세운다.[14]

> 인도성결교회의 비전과 사명은 인도의 수용성을 가진 사람들을 분류하고, 제자삼아 변화시키며, 전방 복음 전도자들과 현지 선교사들에게 동기를 부여하고, 훈련, 준비시켜 복음을 듣지 못한 사람에게 복음을 전하고 교회를 배가시키는 전략을 발전시키는 것이다. 이것이 우리의 마스터 프랜이다… 이것이 우리의 믿음의 행진이다!

---

[12] D. Sunder Singh, *"Rev. Dr. Ezra Sargunam-The Man and His Vision," Rev. Dr. Ezra Sargunam Golden Jubilee-1988: Festschrift*, (Chennai: ECI, 1988).

[13] 최초의 교회는 1957년에 세워졌으나 초기 선교사들의 기록은 1955-1956년으로 되어 있어 공시적으로 1956년으로 확정되었다. ECI, *A March of Faith* (Chennai: Eagle Press, 2006), 10-11.

[14] Ezra Sargunam, *An Invitation for Partnership with Evangelical Church of India*, (Chennai: ECI, 2010), 2.

1972년에 에즈라 살구남 목사는 마드라스(현 첸나이)에서 열린 맥가브란(Donald A. McGavran)의 컨퍼런스에 참가한 계기로 그의 교회성장 원리와 전략을 통해 그의 삶과 사역에 완전한 혁명을 일으켰다.[15]

이후에 ECI는 2000년까지 1,000교회 설립을 목표했으나 1998년도에 달성되었다. 2020년도에 10,000교회, 70만 성도[16]를 목표를 세웠고, 2016년 창립 60주년[17]에 가정교회를 포함하여 7,500개의 교회와 70만 명의 성도가 되었다. 2017년에는 6,901개의 교회와 12,438개의 가정교회, 2018년 보고에는 7,326개의 교회, 13,942개의 가정교회가 있으며, 2056년도에는 10만 교회, 100만 성도를 목표로 한다.[18]

표-17 인도성결교회 연도별 교회 설립 추이

연 도	1998	2016	2017	2018	2056
목표달성	1,000	7,500	19,339	21,268	100,000

---

[15] D. Sunder Singh, "Rev. Dr. Ezra Sargunam-The Man and His Vision," Rev. Dr. Ezra Sargunam Golden Jubilee-1988: Festschrift, (Chennai: ECI, 1988), 12-15
[16] ECI, Manual of the Evangelical Church of India, (Chennai: ECI, 2010), 3-4.
[17] 기독교대한성결교회 해외선교위원회, 『해외선교위원회 40주년 기념 선교 백서』, 157-160.
[18] ECI, "ECI Annual Statistics," 37th Biennial All India Conference: Bishop-President Address, 24.

2. 인도성결교회의 선교 전략 기초

인도성결교회 전 총회장 에즈라 살구남 목사의 선교 전략은 그의 지도력과 추진력으로 인도성결교회의 성장을 가져왔다. 또한, 전도의 열정을 배경으로 총회차원에서의 지속적인 동기 부여와 지방회와 지역총회 등 지역지도자 네트워크를 통한 정책의 공유와 지역교회 공동체의 동참이었다. 그리고 교회를 설립하기 위한 십자군 전도대의 팀 선교 전략과 인도성결교회 내에 자체적으로 운영되는 '국내 선교운동(Inter Mission Movement)'의 헌신적인 노력 등이 주효했다.

1) 에즈라 살구만 목사의 신학적 배경

인도성결교회 선교 전략의 기초는 에즈라 살구만 목사를 통해 세워졌다. 그는 인도성결교회의 대위임령에 대해 다음과 같이 설명한다.[19]

> 가라... 가르치라... 세례를 주라... 대명령을 가르치라, 우리 주님은 복음전도와 교회개척을 위한 패키지를 주셨다. 많은 사람들이 보내지만... 몇 사람이 가고... 몇 사람이 전한다. 모두 그 길로 가서 추종자들을 계

---

[19] S. Jayakumar, *Mission Reader* (Delhi: ISPCK, Oxford, Regnum 2002), 211.

속해서 가르치기 위해 세례를 주고, 교회 그룹의 새 신자들을 모아 양육하는 사람들은 없다. 비전을 가진 사람은 많으나 선교사들은 거의 없다.

인도성결교회는 대위임령에 순종함으로 교단으로서 교회 개척 사역에 전념하였다. 적으로 설명하면 다음과 같다.[20]

인도 전역에 많은 씨를 뿌리지만, 식물에 물을 공급하고, 그것을 키우고, 식물의 성장을 방해하는 가시와 엉겅퀴를 제거하고, 수확한 곡식을 곳간에 드리려는 희생적인 사람이 거의 없다.

에즈라 살구람 목사는 인도성결교회 설립과 성장에 지대한 역할을 했다. 그는 드라비다(Dravidian) 족으로 티루네웰리 지역(Tirunelveli District)의 찬깜말뿌람(Chakkammalpuram)출신 할아버지 삭디웰 나달(Mr. Sakthivel Nadar)과 아버지 만누엘(Mr. Manuel)은 기독교인이었다. 그의 아버지는 도나눌 펠로우십(Dohnavur Fellowship)의 설립자 에이미 카마이클(Amy Carmichael)과 친분이 있는 워커(Walker) 선교사의 지도하에 교리문답 교사였다.

에즈라 살구남은 마누엘(Manue)과 땅가(Thanga) 사이에서 마드라스에

---

[20] Ibid., 211-212.

서 역사적인 탐바람(Tambaram) 회의가 열린 해인 1938년 7월 19일에 태어났다. 그가 태어나기 전에 그의 아버지는 몇 번씩이나 에스라에 대해 말씀하고 있는 느헤미야서를 읽고 있었다. 그의 아버지는 아들을 축복하실 것을 확신하여 그를 '에즈라'라고 하였고, 그의 할아버지의 이름인 '살구남'[21]을 붙였다.

그는 1957년, 현재 마드라스 신학대학(Madras Theological Seminary and College(MTSC)인 마드라스 신학교(Madras Bible Seminary)에서 기초적인 3년 과정의 신학교육을 받았다. 1960년에 알라하바드 신학교(Allahabad Bible Seminary, ABS)의 신학학사(B.Th)과정[22]을 공부했다.[23] 알라하바드에서 그는 웨슬리 듀웰(Dr Wesley Duewel)의 신학적인 영향을 받았다.[24]

그는 세람포르 신학교의 인정과정인 신학 석사(Bachelor of Divinity, B.D.)과정을 마쳤다. 1972년에 그는 OMS의 지원으로 미국 풀러 신학교에서 선교학 석사(M.A)과정을 공부했다. 이 시기에 풀러 신학교에서 맥가브란의 교회성장의 원리와 전략을 접하게 되어 그의 삶과 사역에

---

[21] Edmund Jeyasingh, *A Graphic Portrayal of the Life, Ministry and Affirmative Activism of Bishop Ezra Sagunam* (Chennai: ECI, 2013), 1-81.
[22] 인도의 B.Th는 Bachelor of Theology의 약자로 신학학사를 말한다.
[23] Ezra Sargunam, "Parpanargalin Kudumi Poonul Vetta Kandein(Tamil) I had seen the Brahmins head shaven and the holy thread cut off," *Nirubam* 3 (2011):3. 32
[24] D Sundar Singh, "Rev Dr Ezra Sargunam - The Man and His Vision," In *Rev Dr Ezra Sargunam Golden Jubilee-Festschrift*. Edited by Golden Jubilee Committee. Chennai: Evangelical Church of India, 1988. 12-15.

큰 영향을 끼쳤다.[25] 린다 비스타 신학교(Linda Vista Theological Seminary)는 1979년에 그에게 교회성장의 공로를 인정하여 명예박사학위를 수여했다.

에즈라 살구람은 신학교를 마친 후에 첸나이 외곽에 있는 포룰(Porur)에 복음전도사로 임명받았다. 포룰에서 사역하는 동안 살구람은 복음전도와 수용적인 사람들 가운데 교회 개척에 대한 비전을 갖게 되었다.

예수님이 사회에서 차별받는 사람들과 동일화했듯이 살구람은 인도 사회의 대중과 차별받는 계층과 동일화하는 그의 신학적 숙고와 선교 전략을 통해 인도성결교회가 성장하게 되었다. 자야쿠마르(Jayakumar)는 살구남과 그의 부인 망가람 살구람에 대해 "그는 단순한 삶을 살았고 자신이 섬기는 사람들과 동일했다"[26]고 평가했다.

풀러 신학교 교회성장학에서 제일 중요한 원리는 다음과 같다.

첫째, 사회학의 이해이다.

맥가브란은 사람들이 신자가 되기를 거부하는 것은 인간의 원죄로 인하여 하나님을 거역하려는 것이 아니라 선교사들이 사람들의 사회적, 문화적 요인을 무시하기 때문이다.

---

[25] Ezra Sargunam, "Understanding Dr Donald A McGavran," *Church Planter* 2010. 6. (2010): 5-6.
[26] Samuel Jayakumar, "How one man dared to mobilize the whole nation and multiplied churches in modern India," *Bishop Ezra Sargunam 75th Anniversary Tributes* (Chennai: ECI, 2013), 124-125.

둘째, 수용성의 원리이다.

집단 개종은 동질 단위의 그룹이 집단 결심에 의하여 예수님을 믿는 것이다. 새로운 정착지, 여행자가 많은 곳, 피정복지, 민족주의가 강한 사회, 문화 변동이 심한 곳은 수용성이 높다.

셋째, 개종 방법과 양육의 문제이다.

결심의 방법은 "다양한 개인적이고 상호 의존의 회심(multi-individual, mutually independent conversion)"이다. 개인이 먼저 결심하고, 이 결심을 가족들과 서로 의논한 후에 다 같이 참여하는 것을 의미한다. 또한, 양육의 단계[27]는 윤리적 변화와 더불어 사회적 책임 의식을 가지는 성숙한 신앙의 단계로 양육도 단위 집단으로 양육하는 것이다(perfecting the people).

교회성장운동(Church Growth Movement)은 1955년부터 20세기 말까지의 복음주의 선교에 큰 영향을 미쳤다[28]. 교회성장운동은 도날드 맥가브란(Donald McGavran)에 의해 시작되었다. 이 운동은 교회성장의 원리를 파악하고 실천하기 위해 필요한 모든 인적 자원, 기관, 출판물 등을 포함한다.

맥가브란은 그들이 속한 공동체의 결정이 더 큰 의미를 가지기 때문에 가족, 씨족, 부족, 종족의 구성원들이 동시에 그리스도인이 되게 하는 집단적이며 상호의존적인 개종과정을 통한 대중운동(people movement)

---

[27] 전호진, 『선교학』(서울: 개혁주의신행협회, 1985), 304-310.
[28] John Mark Terry·J. D. Payne/ 엄주연 역, 『선교 전략 총론』, 209.

이 효과적이라고 주장한다.

이 이론에서 추론된 것이 '동질 집단원리'(homogeneous unit principle)[29]이다. 이는 사람들이 개종으로 인한 사회적 이동을 가능한 적게 겪으면서 그리스도인이 되기를 원하기 때문에 그들이 가장 편하게 여기는 인종적, 언어적, 계급적인 사회단위를 존중해야 한다. 이 원리는 복음에 대한 반응이 각 집단에 따라 다르기 때문에 수용성이 있는 집단에 우선권을 두는 것이다.

맥가브란의 교회성장학에 영향을 받은 에즈라 살구남 목사의 선교 전략은 인도성결교회의 교회성장 선교 전략과 수용성 선교 전략 그리고 능력대결 선교 전략을 세우는 계기가 되었다.

2) 교회성장 선교 전략

맥가브란의 교회성장 원리는 다음과 같다.

① 전도와 교회 개척에 선교의 우선순위에 둔다.

② 종족[30] 집단 단위로 선교하는 것이다.

---

[29] D McGavran·G. G. Hiunter/ 박은규 역, 『교회성장학』(서울: 대한기독교출판사, 1983), 9.

[30] 맥가브란은 선교란 "교회 개척과 교회성장을 병행하는 전략에 더해서 개인의 개종이 아니라 집단적인 전체의 개종을 통한 기독교화를 이룩하는 것이라"고 주장한다. 하

③ 사회학과 인류학의 공헌이 필요하다.

④ 완전화보다는 제자화를 강조한다. 즉, 어느 종족을 추수하여 곡간에 거두어들일 때까지 선교사는 추수하는 일을 멈추지 않아야 한다.

⑤ 선교사는 교회성장에 방해가 되는 요소들을 파악하고 방지해야 한다.[31]

⑥ 수용성이 높은 지역에 자원을 투입한다. 이것은 "추수의 원리"이다.

⑦ 선교사는 선교지의 문화에 적응해야 한다.

⑧ 선교사는 재생산이 가능한 방법을 사용해야 한다.

⑨ 새로운 교회가 교회를 개척할 때 가장 빠르게 배가할 수 있다.

⑩ 동질집단이 더 신속하게 성장한다. 선교사들이 동질의 계층이나 언어 집단에 초점을 맞추어 교회를 개척할 때 교회가 잘 성장한다.

⑪ 정기적이고 정직하게 선교방법을 평가해야 한다. 선교사들은 그들의 접근 방식을 정기적으로 분석하고 평가해야 한다.[32]

나님의 다리들, 곧 사람들을 연결하는 혈연과 지연 등의 연줄들을 통해 개인이 속해 있는 집단 전체를 한꺼번에 개종시키는 운동들이 하나님의 선교 전략이라는 요지를 펴고 있다. D McGavran/ 이광순 역, 『하나님의 선교 전략』(서울: 한국장로교출판사, 1993), 10.

[31] John Mark Terry·J. D. Payne은 맥가브란의 *Understanding Church Growth*, 3rd ed. Revised and edited by C Peter Wagner, Grand Rapids: Eerdmans, 1990)를 통해 교회성장의 방해요소들을 통계적인 장애, 행정적 장애, 문화적 장애, 의미론적 장애, 심리학적 장애, 홍보의 장애, 신학적 장애 등으로 열거한다.

[32] John Mark Terry·J. D. Payne/ 엄주연 역, 『선교 전략 총론』, 217-225.

피터 와그너(Peter Wagner)는 교회성장학을 성경적, 사회학적, 역사적, 행동과학적 연구를 통해 교회가 성장하거나 퇴보하는 원인에 대해 탐구하는 학문[33]으로 보고, 진정한 교회성장은 "지상명령"에 순종하는 제자들이 교회의 책임 있는 구성원으로 그 사명을 실천할 때 가능하다고 본다.

교회성장학파의 선교 전략은 다음과 같다.

① 동질 단위 집단을 통한 선교 전략
② 복음의 수용성 선교 전략
③ 선교의 목적을 선교하는 원주민 교회의 성장에 두는 선교
④ 교회성장을 도모하는 선교 전략[34]

이 선교 전략을 인도성결교회는 수용하여 발전시켰다.

---

[33] Peter C Wagner, "Church Growth Movement," In *Evangelical Dictionary of World Missions*, edited by A. Scott Moreau, (Grand Rapids: Baker Academic. 2000)
[34] 김성태, 『세계 선교 전략사』(서울: 생명의 말씀사, 2006)

3) 수용성 선교 전략

복음의 수용성과 관련하여 맥가브란은 '추수신학'(Harvest Theology)을 주장한다.[35] 사람들은 내외적인 요소들에 의해 복음을 받아들일 수 있는 마음의 준비가 달라질 수 있기 때문에 복음의 수용성이 높은 지역이나 인종을 잘 분석하고 파악하여 정책적으로 집중해야 한다. 또한, 대중전도운동을 통한 선교의 목표를 달성하기 위해서는 삼자원리에 근거한 토착 교회 설립으로는 어렵기 때문에 토착교회는 선교하는 교회로 성장해야 한다.

에즈라 살구남 목사는 '우선순위를 수용성이 있는 사람에게' 전하는 선교 전략을 주장한다. 수용성 선교 전략은 먼저, 복음이 필요한 자에게 복음을 전하는 것이 효율적이다. 이와 동시에 같은 종족 뿌리라는 논리를 통해 말토(Malto) 종족의 가정교회들을 교단에 편입시킴으로 수적인 교회 팽창의 효과를 가져왔다.

현재는 학교와 고아원, 직업훈련소 등을 운영하며 종족 지역에 복음을 전하고 있다. 이것은 인도성결교회의 대표적인 선교 전략이 되었다. 상층민들과 주류사회에 소외된 사람들은 복음에 수용성이 높아 수적 교

---

[35] D McGavran, *Understanding Church Growth* (Grand Rapids: Eerdmans, 1980), 245-265.

회성장을 가져왔으나 "불가촉천민이 믿는 종교"[36]라는 인식을 주었다.

4) 능력대결 선교 전략

능력대결 전략은 선교와 교회 개척사역에 효과적인 도구[37]이다. 에즈라 살구남 목사는 사회적으로 억압받고 억눌린 종족들에게 관심을 기울였다. 이 과정에서 병든 자의 치유와 사단을 내쫓는 능력대결 전략을 강조했다.

피터 와그너는 폴 히버트(Paul Hiebert)의 중간 영역(Middle Zone)이론을 이용하여 "천사와 사탄, 악령이 활동하는 비절대적이며 초문화적(Supra-cultural)인 중간 영역의 세계관이 세계 2/3 지역을 점유하고 있다[38]고 주장한다.

이 세계관 안에 힘의 충돌(Power Encounter)이 극적으로 일어나는데 그것은 초자연적 실재의 민감함과 악마의 현현이 복음으로 드러나기 때문이다.[39]

---

[36] 정인우, "인도 선교: 트랜드와 이슈(Trends and Issues)," 88-89.
[37] Ezra Sargunam, "Understanding Dr Donald A McGavran," *Church Planter* 2010. 6, (2010), 5-6.
[38] Paul Hiebert, "The Flaw of the Excluded Middle," In *Missiology: An International Review,* Vol X, No.1 (1982): 35-47.
[39] Alan Tippett, *Instruction to Missiology* (Pasadena: William Carey Library, 1987), 82-85.

와그너는 "힘의 충돌에만 머물지 않고, 성령의 현재적 역사로서의 기적과 이적을 왕국의 표적으로 보며, 신앙 세계에서 힘의 전도, 즉 기적과 이적을 나타내는 영적 권세가 나타난다"[40]고 주장한다.

능력대결 전략이 갖는 위험성은 다음과 같다.

① 도래한 하나님의 왕국에 대한 지나친 강조를 할 가능성이 있고, 하나님의 사단의 대결에 집중함으로 죄와 회개와 하나님의 은혜와 하나님의 섭리와 겸손 등에서 벗어나 능력대결에만 지나치게 강조한다.

② 능력의 대한 개념이 가시적인 악의 세력을 이기는 것으로 한정할 수 있다. 말씀을 통해서 내적인 변화가 나타나지 않을 때 그 능력의 표현이 궁극적인 영적 가치를 지니지 못할 수도 있다는 점을 간과해서는 안 된다.

③ 그리스도인의 사랑과 겸손, 그리고 고난을 통한 성숙, 오래 참음 등이 배제되고, 눈에 보이는 효과를 얻는 것이 가장 큰 도구로 생각할 위험이 있다.

④ 능력을 행하는 것과 귀신을 쫓아내는 것만이 최고의 것으로 착각하여 은사의 다양성이 무시될 위험성이 있다.[41]

---

[40] 김성태, 『세계 선교 전략사』, 149.
[41] 이태웅, 『한국교회의 해외 선교』(서울: 죠이선교회 출판부, 1997), 187-196.

능력대결 선교 전략은 "힘의 전도(Power Evangelism) 선교 전략"[42]으로 영적 세계에 대한 분명한 인식을 갖게 하고, 영적 체험과 교회성장에 대한 열정을 갖도록 돕는다. 그리고 헌신을 강화한다.

그러나 영적 전쟁은 귀신 추방과 같은 형태로만 이해하여 신비적인 측면이 강조되면, 기복신앙과 번영신학의 방향으로 흘러갈 가능성이 있다. 말씀과 공동체의 교제를 통해 전인적인 인격 성장을 통한 삶의 변화를 간과할 수 있다.

그러므로 영적인 실재에 대한 교육과 전인적인 회복과 변화를 동시에 강조하는 선교 전략을 구상해야 한다.

3. 인도성결교회의 선교 전략 실행

1) 선교 전략의 유형

인도성결교회의 비전과 사명은 "능력 있는 최전방 복음전도자와 원주민 선교사들이 인도의 미전도 종족에게 다가가 교회를 배가 시키도록 동기를 부여하고, 훈련시키고, 준비시키기 위한 발전된 전략으로 수용

---

[42] 김성태, 『세계 선교 전략사』, 149.

적인 사람들을 식별하고 제자화하고, 변형시키는 것"[43]이다.

'2000년도 1천 교회 100만 성도 목표'에 대한 인도성결교회의 선교 전략과 방법은 다음과 같다.[44]

① 주님의 명령을 전체적으로 성취하는 것은 교회의 탄생과 배가로 나타난다. 가서 전하고, 설득하고, 개척하는 것이 슬로건이다.

② 교회 개척 신학교: 교구 목사를 훈련하는 전통적이고 교파적인 신학교와 다르게, 교회를 개척할 수 있는 사역자들과 전도자들을 훈련시킨다. 첸나이에는 현재 96개 교회 대부분의 교회가 신학교 학생들에 의해 개척되었다. 이 형태는 신학교와 성서학교가 설립되는 곳은 어디든지 교회가 개척되고 있다.

③ 인도성결교회는 복음에 대해 열려 있는 종족을 전도하기 위한 특별한 프로그램과 정책을 가지고 있다. 그들은 대부분 하층계급이며, 그들은 수천 명씩 그리스도에게 돌아오고 있다.

④ 교회성장은 변화된 삶을 통해서 일어난다. 그 예로 강도나 산적 또는 주술사가 그리스도인이 되었고, 예수를 믿은 후, 1,000년 된 신성한 나무를 잘라버린 이들의 영웅적인 삶은 다른 이들에게 큰 영향을 주고 있다.

---

[43] ECI, *A Master Plan* (Chennai: ECI, 2013), 2.
[44] 기독교대한성결교회 해외선교위원회, 『인도 김영암 선교사 선교 보고 자료모음집』, 33-42., ECI, "From The heart of the Bishop-President: God with us," *Church Planter* 2009. 12. (2009): 5.

⑤ 수백 명의 사람들이 신유와 기적과 표적을 통해 예수 그리스도를 알게 되었다(막 3:14-15).

⑥ 카스트 제도나 문화를 교회성장이나 전도에 대한 장애로 생각하지 않는다. 사실상 회심은 최소한의 사회적, 문화적 그리고 카스트 제도의 범위 내에서 가능하다. 카스트 제도를 무너뜨리려고 하지 않는다. 그러나 그것을 매개물로 사용한다. 같은 카스트에 속한 사람이 복음을 전할 때, 진지하게 듣는다. 이것이 전략 중 하나이다. 기독교 복음전도자들은 오랫동안 소중히 간직하고 있는 습관과 전통을 뒤엎지 않고 최소한의 사회적 변화를 통해 회심하게 하는 것이 인도성결교회 사역에서 종교적으로 유지하고 있고 있다.[45]

⑦ 도시 전도에 우선순위를 둔다. 사도 바울이 그의 시대에 행했던 것처럼, 도시지역에서 시골 지역으로 이동하는 전략을 세우고 있다. 이와 같은 방법으로 우리는 마드라스, 뭄바이, 뉴델리, 캘커타와 같은 도시에 강력한 베이스를 가지고 있다. 그곳으로부터 우리는 마을들과 부족지역으로 확대한다.

⑧ 인도인 선교사 운동[46]: 인도성결교회 성도는 인도복음화에 직접적 참여를 위해 격려 받고, 도전 받고, 동기 부여를 받는다. 인도 선교 기관은 1974년 인도성결교회의 토착 선교 기관으로 봉사할 유일한 목

---

[45] M. Ezra Sargunam, *Mission Mandate* (Madras: Mission India, 1992), 184-185.
[46] ECI, "IMM," *Church Planter* 1998. 2. (1998): 14.

적으로 설립되었다.

신학생들과 십자군 전도대가 갈 수 없는 곳에 인도인 선교사 운동(Indian Missionary Movement, 이하 IMM)는 인도성결교회의 후원으로 미전도 지역에 선교사들을 파송했다. 펀잡(Punjab), 오릿사(Orissa)[47] 그리고 안드라 프라데쉬(Andhra Pradhesh)에 17명의 선교사들이 있는데, 그들은 IMM의 지원을 받고 있다.

인도성결교회의 발전과 성장에 중대한 요소 중에는 국내와 해외 기관들과의 협력 선교이다. OMS와 사마리아인의 지갑, 뉴 다이렉션, 기성과 같은 복음주의적 선교기관들이 협력하고 있다. 인도성결교회는 초기에 인도 전역의 수용적인 마을과 도시에 1,000개 교회 설립을 목표로 했다.

1,000개 교회 목표 운동을 위한 인도성결교회 선교 전략은 다음과 같다.

① 개인전도 선교 전략

② 교회 개척 중심의 신학교 선교 전략

③ 종족 선교 전략

---

[47] 현재는 오디싸(Odisha)로 개명되었으나 연구 흐름상 옛 이름으로 표기한다.

④ 표적 선교 전략

⑤ 도시 선교 전략

⑥ 토착 선교 전략

인도성결교회의 선교 전략은 다음과 같다.[48]

① 강한 내적 리더십: 그리스도를 알지 못하는 이들을 위한 확실한 비전과 사명, 그리고 열정을 가진 강한 내적 리더십은 배가성장의 기초가 된다.

② 십자군 전도대(Every Community for Christ, 이하 ECC) 선교 전략: 십자군 전도대의 팀 사역은 인도 지역, 특별히 남인도에서 인도성결교회의 교회 개척사역에 용이한 방법이다.

③ 인도인 선교사 운동(IMM) 선교 전략: 교회의 국내선교의 목적을 가진 인도인 선교사 운동은 평신도들 가운데 많은 미전도 종족, 특별히 북 인도에 접근하도록 하려는 큰 운동의 동기로 세워졌다.

④ 지역과 언어학 세미나 전략: 이것은 지역과 국내 수준의 복음 전도자와 목회자, 그리고 지도자들을 훈련시키고자 하는 것이다.

⑤ 협력과 네트워킹 선교 전략: 인도성결교회와 초기 협력자들은 사역

---

48 ECI, *A Master Plan* (Chennai: ECI, 2013), 2., M. Ezra Sargunam, *Hand book on Church Planting* (Madras: ECI, 1995), 3.

을 홀로 감당할 수 없었다. 그래서 다른 나라와 국제 협력자들[49]과 손을 잡았다.

⑥ 수용성 종족 원리 전략: 이것은 인도성결교회성장 뒤에 있는 주된 믿음의 선교 철학이다.

⑦ 사역 중점 대상자 선교 전략: 인도성결교회의 사역대상은 억눌리고, 탄압받고, 사회적으로 차별받는 사람 매우 복음에 수용적인 달릿과 종족들이다.

⑧ 능력대결 선교 전략: 그리스도를 위한 가족과 공동체의 원리에 있어서 병든 자가 치유되고, 사단을 내 쫓는 사역은 중요한 부분이다.

⑨ 셀 그룹과 가정교회 조직 선교 전략: 가정교회는 교회 건물보다는 가정과 비슷하여 문화적 혹은 종교적인 장벽이 없는 것을 발견하게 된다.

그 밖에 도시 선교 전략과 도시 슬럼 선교 전략, 그리고 도시에서 마을과 농촌으로의 확장 전략이다.[50] 이것은 '이주민 동원전략'이다. 도

---

[49] 그들은 OMS와 스태니타 재단(Stanita Foundation), 사마리아인의 지갑(Samaritan's Purse), 국제 뉴 다이렉션(New Directions International), 국제 비젼 트러스트(Vision Trust International), 기독교대한성결교회(Korean Evangelical Holiness Church) 그리고 희망의 친구들(Friends of Hope)들이다.
[50] D Sundar Singh, *Evangelical Church of India–A Missional Church*, National Missions Consultation(2018. 1. 30-2. 1.), YMCA, Chennai, 5.

시에 이주한 사람들을 다시 도시 주변과 자신들의 고향에 돌아가 복음을 전하고 교회를 세우게 한다. 위의 선교 전략들을 재분류하면 아래와 같다.

2) 선교 전략의 재분류 유형

(1) 인도인 선교사 운동(IMM)

인도는 인종과 종족 그리고 언어와 문자가 다양하다. 그래서 주에서 주로 파송되어 선교 사역하는 사람을 자국민 선교사로 칭하고 있다. 인도성결교회 총회본부에서는 자국민 선교사 파송사역을 연1회 정기적으로 시행하고 있으며,[51] 지역 목회자 훈련과 IMM 후원을 위한 바자회,[52] 그리고 지속적으로 기도를 요청을 하고 있다.[53]

IMM는 1974년 에즈라 살구남 주교가 설립한 ECI의 원주민 선교단체이다. 살구람이 선교운동의 필요성을 인식한 후에 생겨났다. IMM은 사람 중심의 운동으로, 수용적인 사람을 찾아내고, 복음을 전하고, 교회를

---

[51] 해외선교위원회, 『해외선교위원회 30주년 기념 선교 백서』, 167-168., ECI, "Missionary Dedicated at the Annua Sales Organised by Indian Missionary Movement," *Church Planter* 2013. 2. (2013): 6.
[52] ECI, "Pastor's Training & IMM Sales," *Church Planter* 2013. 11. (2013): 8.
[53] ECI, "Prayer and Praise Points," *Church Planter* 2015. 8. (2015): 11., ECI, "Prayer and Praise Points," *Church Planter* 2015. 7. (2015): 10., ECI, "Prayer and Praise Points," *Church Planter* 2016. 8. (2016): 10.

설립하는 비전을 가지고 있다. 라자싱(Bishop Rajasingh) 목사는 "이 운동은 예수님을 믿는 신앙을 통해 풍부하고 영원한 생명을 받아들이기 위해 이웃과 친구들을 초청하는 장단기목표를 가지고 있다"[54]고 평가한다.

(2) 십자군 전도대(ECC)

인도의 십자군 전도대는 스탠리 탐(Dr. Stanley Tam)의 지원에 힘입어 인도 내에 모든 공동체와 도시, 그리고 마을에 교회를 세우고 확장하는 일에 사람들을 훈련하고 준비하는 일들을 감당해 왔다. 십자군 전도대[55]는 복음을 전할 뿐만 아니라 어른을 위한 어학당, 어린이를 우한 무료교육, 무료 의료캠프, 구호사역 등과 같은 교회확장을 위한 사회-구호 사역을 펼치고 있다. 1972년부터 2011년 4월까지 3,162개의 인도성결교회 중에 645개 교회가 십자군 전도대에 의해 등록되었다. 십자군 전도대[56]를 통해 2011년 5월까지 90,654명의 재적 중에 68,659명이 세례를 받았다. 정기적으로 '훈련과 배가' 프로그램을 지역교회와 평신도들에게 가르치고 있다.[57]

---

[54] ECI, "Indian Missionary Movement," *Church Planter* 2014. 6. (2014): 8.
[55] ECI, "Testimony from ECC Ministries," *Church Planter* 2014. 4. (2014): 7.
[56] ECI, "Every Community for Christ-India," *Church Planter* 2011. 7. (2011): 1-11.
[57] ECI, "ECC Train and Multiply Training Programs…," *Church Planter* 2017. 7. (2017): 3., ECI, "Train and Multiply Follow up Training Programs," *Church Planter* 2017. 6. (2017): 3.

(3) 종족 선교 전략

'우정의 선교사 기도밴드(Friends Missionary Prayer Band, FMPB)'는 인도에서 줄어주는 부족가운데 하나인 절칸트 주의 말토 종족에게 복음을 전해 많은 기적과 교회들을 세웠다. 이 FMPB는 2005년 10월 29일에 441개의 교회를 인도성결교회에 이양했다.[58]

인도성결교회는 새로운 교회건물을 세우고, 지역 목회자를 훈련[59]하고 여성을 위한 재봉기술[60]을 가르치고 말토 부족 아이들을 위한 영어학교를 시작했다. 말토 종족을 위한 교회가 2010년 6월에 523개 였고, 3곳의 학교에서 445명의 학생들[61]이 아침과 점심을 제공받으면서 공부하고 있다.[62]

인도성결교회는 종족 지도자들을 세워 스스로 성장할 수 있도록 돕고

---

[58] ECI, *A March of Faith* (Chennai: Eagle Press, 2006), 411-418.
[59] ECI, "Eighty Malto Pastors Benefited Through ECC Training," *Church Planter* 2013. 3. (2013): 4-5.
[60] ECI, "Sewing Machines Distributed to Malto Women…," *Church Planter* 2010. 11. (2010): 4., ECI, "ECI Annai Mangalam Tailoring Institute, Jharkhand," *Church Planter* 2014. 12.-2015. 1. (2014-2015): 8.
[61] ECI, "Blessed are Those Who Care for the Poor and Needy," *Church Planter* 2011. 4. (2011): 4.
[62] 말토 부족은 절칸트의 라지마할에 거주하는 인도의 원주민 중에 하나로, 인구는 약 12만 명으로 정령숭배자들이고 하루에 거의 한 끼도 먹지 못할 정도로 매우 가난하다. 그들은 문맹자들이기에 채권자들에게 쉽게 속아 평생에 채무자로 살아간다. 이 사람들을 말라리아와 설사, 그리고 결핵과 같은 질병으로 고통 받고 있다. ECI, "Malto Tribal….," *Church Planter* 2010. 6. (2010): 1-2.

있다. 미전도 종족[63]을 위해 IMM 선교사를 통해 교회 개척[64]과 직업 교육과 학교 사역을 통해 종족이 인도 사회에 적응하는 역할을 지속적으로 감당하고 있다. 빠따라스 말토 목사(Rev. Pathras Malto)는 2012년 11월 28일에 인도성결교회 라자마할 교구의 첫 번째 주교로 임명되었다. 이 교구에는 563명의 장로와 19명의 선교사, 73명의 목사가 있다.[65]

인도에는 부족 원주민들이 1억 명이다. 인도에는 485 종족이 있으며 평균적으로 10만 명에서 100만 명 정도의 거대한 부족들도 있다. 그들은 대부분 복음을 들어보지 못했다. 그중에 소라(Sara) 종족은 오릿사와 안드라 프라데쉬 주에 10만 명이 흩어져 살고 있다. 초창기에 캐나다 침례교 선교사들이 사역하며 교회들을 세웠다. 인도성결교회는 2012년 9월 23일에 인도성결교회 소라 미션 센터를 세워 사역하고 있다.[66]

(4) 수용성 선교 전략

에즈라 살구남 목사가 가난하고 차별받는 사람들에게 중점을 두고 복

---

[63] ECI, "From Desk of the Bishop-President," *Church Planter* 2009. 8. (2009): 6.
[64] ECI, "New Mission Field Opened among Sora Tribe in Andhra Pradhesh," *Church Planter* 2012. 11. (2012): 9., ECI, "IMM Leaders Ministries in Jharkhand," *Church Planter* 2013. 4. (2013): 6.
[65] ECI, "An Unorganized Diocese for Maltos Formed. Frist Bishop's Commissary Consecrated," *Church Planter* 2013. 1. (2013): 2.
[66] ECI, "Look what God is doing among the Sora People," *Church Planter* 2014. 2. (2014): 1-4.

음을 전하는 이유에 대해서 다음과 같이 말한다.[67]

인도의 풍요롭고 교육받은 사람과 상위 계급의 사람들은 매우 독단적입니다. 그들은 결코 복음을 듣고 싶어 하지 않습니다. 그것은 우리가 왼손과 오른 손을 구별하지 못하는 도시 빈민가와 외딴 부족마을에서 순수하고 소외된 사람들에게 사역하게 된 이유입니다. 그들은 때때로 그리스도를 주님과 삶의 주님으로 받아들입니다. 가난한 자에게 복음이 전파되는 것이다. 수용성 전략은 당장 복음을 필요로 사람, 특별히 차별받고 억압받는 하층민들에게 유익하나 수용성을 가진 피전도자들만 찾을 수 없다. 때를 얻든지 못 얻든지, 선교 여건이 비교적 쉬운 지역이든 아니든지 동시적으로 복음을 전하는 전략을 계속해서 연구하고 실행해야 한다.

(5) 능력대결 선교 전략

에즈라 살구남 목사는 '기도 기름'병을 만들어 신자들의 머리에 기름을 바르고 기도하여, 능력대결 선교 전략을 실천하고 있다.[68]

능력대결에 대한 보고들은 다음과 같다. 오릿사(Orissa)의 한 남성은 말라리아에 걸려 치료가 불가능할 때에 IMM 선교사인 존 하리존 전도

---

[67] ECI, "From Desk of the Bishop-President," *Church Planter* 2009. 7. (2009): 5.
[68] ECI, "ECI Mumbai Mission Launched!," *Church Planter* 2009. 11. (2009): 2-4.

사의 기도를 통해 치료되었고, 의사로부터 2달 안에 죽을 것이라고 암 선고를 받은 첸나이에 사는 한 남성은 인도성결교회에서 고침을 받는 일이 있었다.[69] 그리고 라자스탄(Rajasthan) 주에서는 귀신들렸던 여인이 고침을 받았다.[70]

여자 아이는 IMM 선교사의 기도를 통해 고침을 받은 기적으로 인해 거의 60가정이 예수님을 믿는 일도 있었다.[71] 그 밖에 홍수에서 건짐 받은 일[72]과 청각 장애 아이가 고침을 받는 일도 있었다.[73]

(6) 전략적 협력 선교

인도성결교회 제31회 정기총회, 희년 축하 행사 및 협력 선교 회의[74]에서 현재 인도성결교회는 2,126개 교회(850개 단독건물교회 및 1,276개 가정교회), 3개의 신학교와 10개의 성경학교가 있음을 보고하였다.

또한, 2007년 10월 17일부터 18일까지 인도성결교회의 파트너십 2007년 정기모임 보고[75]에서 인도성결교회와 협력하는 기관[76]은 OMS

---

[69] ECI, "Testimonials Received…," *Church Planter* 2010. 12. (2010: 6.
[70] ECI, "Miracle Continues in Rajasthan," *Church Planter* 2010. 5. (2010): 2.
[71] ECI, "Revival among the Bhils in Rajasthan," *Church Planter* 2010. 2. (2010): 4.
[72] ECI, "God Miracle… God Love," *Church Planter* 2010. 7. (2010): 5.
[73] ECI, "God Healed a Deaf Girl…," *Church Planter* 2010. 10. (2010): 4.
[74] 협력회의는 2006년 10월 23일부터 26일까지 열렸다. 이 회의에 참석한 기관과 교단 대표는 "중복되지 않는 체계적인 협력 선교 사역"을 할 것을 결의했다.
[75] 2007년 11월 8일.
[76] 기독교대한성결교회 해외선교위원회, "인도 김봉태 선교사," 『선교사 자료집 6

International과 Samaritan's Purse,[77] 그리고 New Direction International,[78] 비전트러스트(Vision Trust International)[79]와 같은 기관과 기성이다. 십자군 전도대(Every Community For Christ Teams, ECC)는 OMS와 인도성결교회와의 대표적인 협력단체이다.[80]

이와 같은 협력 선교를 통해 교회의 전통적 표지들인 하나의 교회가 다양성을 인정하는 것이다. 그리고 거룩한 교회가 성령에 이끌리는 교회로서 선교의 활력을 불어넣기 위해 은사적인 특성을 유지하는 것이다.

또한, 보편 교회가 전 세계에 흩어진 지역 교회들의 특성을 인식하는 것이며, 사도적 전통을 이어오는 교회가 그 선교적 정체성을 잃지 않는 것이다. 교회는 사회와 문화를 변혁하는 대항문화 공동체로서 예언자적인 표지들로 보완해야 한다.[81]

호 인도』
[77] ECI, "Dr. Billy Graham," *Church Planter* 2018. 3.-4.. (2018): 1-6.
[78] ECI, "Home-Call of Dr, J. L. Williams," *Church Planter* 2017. 1.-2. (2017): 1-5.
[79] 비전트러스트 인터내셔널은 미국인 중심으로 한 평신도 선교단체이다. 초기에는 쓰나미 피해지역인 남부 인도 타밀나두 주와 안드라 프라데쉬 주의 해안 지역에서 구제봉사 사역을 했다. 해외선교위원회, 『해외선교위원회 30주년 기념 선교 백서Ⅰ』, 168.
[80] 인도성결교회에서 가장 활동적인 팀 사역은 바로 십자군 전도대 사역인 ECC Team이다. 인도 전지역 28개 주에 모두 67개 팀이 사역하고 있으며 한 팀당의 멤버는 5명으로 구성되어 있다. 사역내용으로는 팀별로 개인 전도를 통해 소그룹과 가정교회를 개척하고 평신도 지도자를 세우는 사역에 주력하고 있다. Ibid.
[81] Lesslie Newbigin/ 홍병룡 역, 『교회란 무엇인가?』(서울: IVP, 2010), 198.

(7) 사회봉사와 구호 활동

인도성결교회는 사회봉사와 구호활동을 선교에 활용한다. 2005년 12월 25일에 쓰나미 피해를 입은 남부지역에 기성의 지원으로 100채의 가옥과 1개의 교회 겸 마을공동회관을 건립하였다.[82]

인도성결교회와 협력으로 국제 비전 트러스트(Vision Trust International, VTI)[83]는 쓰나미 피해 지역 아이들을 위한 27개의 그레이스 러닝 센터 (Grace Learning Centres, GLC)를 설립하여 61명의 교사를 통해 1,522명의 아이에게 교복, 책, 공책, 가방과 학비를 지원하고 매일 급식을 제공했다. 그리고 모든 센터에 교회가 세워졌고,[84] 이곳에서 안과 진료 등도 실시되었다.[85] 2009년 5월에 사이클론의 피해를 입은 순덜반(Sunderban) 주민에게 식량을 지급했다.[86] 10월에는 106년 만의 홍수 피해를 입은 안드라 프라데쉬(Andhra Pradesh) 주와 까르나타까(Karnataka) 주에 구호활동을 펼쳤다.[87]

---

[82] ECI, "Completion of 100 houses for the Tsunami victims," *Church Planter* 2009. 7. (2009): 5.

[83] Vision Trust International은 개발도상국에서 아이들 사역을 위한 많은 조직체 중의 하나로 국제본부는 미국 콜로라도의 콜로라도 스프링에 있다.

[84] ECI, "…ECI-VTI Grace Learning Centres," *Church Planter* 2011. 8. (2011): 1-5., ECI, "ECI-VTI Grace Learning Centres," *Church Planter* 2013. 10. (2013): 8.

[85] ECI, "Free Eye Checkup Camp," *Church Planter* 2016. 4. (2016): 2.

[86] ECI, "ECI relief work for the victims of AILA cyclone in Sundarban Islands," *Church Planter* 2009. 6. (2009): 1.

[87] ECI, "Heaviest Flood in 106 Year," *Church Planter* 2009. 10. (2009): 1.

2013년에는 인도성결교회 건강관리와 공동체 개발부(ECI Health Care and Community Development Department)가 조직[88]되어 첸나이 목회자 90명을 비롯한 300명에게 안과와 치과 진료를 실시했다.[89] 이 사역은 인도성결교회 내의 학교에서도 실시되었다.[90]

2014년 7월 19일에는 인도성결교회 선한목자 염소 프로젝트를 시작하여 가난한 가정에 혜택을[91] 주고 소외된 마을에 식수를 공급하였다.[92] 2015년 첸나이 홍수피해와[93] 2017년 11월의 태풍피해 지역에 구호활동을 실시했다.[94]

---

[88] ECI, "Inauguaration of ECI Health Care and Community Development Department," *Church Planter* 2013. 8. (2013): 6.
[89] ECI, "ECI-Health Care and Community Development Department," *Church Planter* 2014. 9. (2014): 9.
[90] ECI, "ECI Health Care and Community Development Department," *Church Planter* 2013. 10. (2010): 2.
[91] ECI, "ECI Good Shepherd Goatery Project," *Church Planter* 2014. 8. (2014): 5-6.
[92] ECI, "Drinking Water Facility in a Backward Village in Tamil Nadu, India," *Church Planter* 2015. 2.-3. (2015): 10.
[93] ECI는 4만 명에게 음식물과 1만 가구에 식료품 그리고 1만 2천 가구에 생수, 1만 5천 가구에 침대보, 피해 입은 50가정에 보수비용, 350명의 교역자에게 재정지원과 의료를 제공하였다. ECI, *36th Biennial All India Conference: Bishop-President Address* (Chennai: ECI, 2016), 3-4., ECI, "Not a very Merry Christmas in Chennai," *Church Planter* 2015. 11.-12. (2015): 1-6., ECI, "Renovation of Houses and ECI Church Buildings...," *Church Planter* 2016. 2. (2016): 2., ECI, "Flood Relief," *Church Planter* 2016. 1. (2016): 3. 5. 10.
[94] ECI, "Relief Works among Ockhi Cyclone Victims in Kerala Kanyakumari," *Church Planter* 2018. 1. (2018): 9.

(8) 도시 선교 전략

첸나이, 캘커타, 델리, 뭄바이 및 다른 도시에서 인도성결교회의 사역은 이주민들에게 복음이 매주 잘 반응한다는 사실을 확인할 수 있다. 인도성결교회는 평신도 목회자를 훈련시키고 권한을 부여하여 수백 개의 가정 교회와 대형 교회를 책임지게 한다. 뭄바이 지역총회는 새로운 도시 이주민에게 복음을 전하는 것이 중요한 목표가 되었다.[95]

4. 인도성결교회의 선교 전략 결과

1) 지도자 양성기관 설립

인도성결교회는 세람포르대학에서 공인한 3개의 신학교와 인도성결교회 산하의 10개의 신학교가 있다.

---

[95] ECI, "From the Heart of the Bishop President: ECI Mumbai Mission," *Church Planter* 2009. 9. (2009): 2.

224　인도 선교 전략

그림-3. 인도성결교회 신학교육 이사회 조직

ECI BOARD OF THEOLOGICAL EDUCATION
A Theological Commission to produce servant hearted church leaders with sound Biblical scholarship, discipleship lessons to witness the Gospel of Jesus Christ and plant churches among responsive people groups of India

ECI BOARD OF THEOLOGICAL EDUCATION

BOARD OF ABS
BOARD OF MTSC
BOARD OF CBS

BIBLE SCHOOLS MANAGEMENT COMMITTEE

ECI BIBLE SEMINARIES AND SCHOOLS

- Allahabad Bible Seminary
- Madras Theological Seminary and College
- Calcutta Bible Seminary

Serampore affiliated colleges offering B.D degrees

- Bishop Azariah Bible School
- Bombay Bible School
- ECI Theological Seminary, Kozhivilla
- Gujarat Bible School
- Jisupita Bible School
- Karnataka Bible Seminary
- Lalitpur Bible Seminary
- Orissa Bible School
- Sadhu Sundar Singh Bible School
- Vijayawada Bible School

ECI / ETA offering Diploma in Theology Certificate in Theology

제4부   제2장 인도성결교회의 선교 역사와 전략   225

　　인도성결교회에는 세람포르 신학교에서 공인된 알라하바드, 마드라스[96], 캘커타신학대학이 있으며 봄베이와 위제와다, 그리고 날리뿔, 지수삐따, 구자랏, 오릿사, 사두 순덜싱, 카르나타카, ECI, 아자리야 감독[97] 등 10개의 성경학교가 있다.[98]

　　인도성결교회는 신학교육 이사회를 통해 신학대학과 성경학교를 운영하고 있다.[99] 신학대학들은 세람포르(Serampore) 신학대학의 신학학사과정을 인정받은 학교로 구성되고 있으며 영어로 5년 동안 신학과정을 공부한다. 이 신학대학에서는 고등 학과목을 마친 후에 목회자와 일부 교수요원을 배출한다.

　　인도성결교회의 성경학교 지도자들은 정기적으로 모임을 갖고 학교 운영에 대한 방안들을 협의한다.[100] 10개의 다른 지역의 언어로 수업하

---

[96] 마드라스 신학교는 1953년 6월 29일에 22명의 학생으로 시작되었다. MTSC, *MTSC Annual Report 2016-2017* (Chennai: ECI, 2017), 23.
[97] ECI, "ECI Bible Schools," *Church Planter* 2011. 10. (2011): 3.
[98] ECI, *A Master Plan* (Chennai: ECI, 2015): 3., 신학대학과 성경학교들의 지역과 설립연도., ① Allahabad Bible Seminary, Allahabad, U.P. 1942. ② Madras Theological Seminary & College, Chennai, 1953. ③ Bombay Bible School, Kalyan, 1983. ④ North India Bible Training Institute, Lalitpur, 1987. ⑤ Calcutta Bible School, Calcutta, 1988. ⑥ Vijayawada Bible Seminary, Vijayawada, 1989. ⑦ Orissa, Bible School, Koraput, 1994. ⑧ Gujarat Bible School, Vyara, 1995. ⑨ ECI Theological Seminary, Kozhivilai, 1995. ⑩ Karnataka Bible Seminary, Gangavathy, 1996. ⑪ Sadhu Sunder Singh Bible School, Solan, 1997. ⑫ Jisupita, Bible School, Hiranpur, 2005. ⑬ Bishop Azariah Bible School, Arumuganeri, 2006.
[99] ECI, *Pamphlet on ECI Bible Seminaries and Schools* (Chennai: ECI, 2017), 1.
[100] ECI, "ECI Bible School Directors Meeting," *Church Planter* 2013. 5. (2013): 2-4., ECI, "ECI Bible School Directors Meeting," *Church Planter* 2014. 5. (2014): 5. ECI,

는 성경학교는 인도성결교회와 복음주의 협의회를 통해 신학과정 수료 증서와 증명서를 받게 된다. 성경학교에서는 지역 교회의 전도자와 목회자를 훈련시키고, 이론을 겸한 실습을 중요하게 생각한다.[101] 모든 학생들은 사역지역을 방문하여 사람들에게 복음을 전하고 그들 가운데 교회를 세우게 된다.[102] 그 외에 정규적인 교육을 받지 못하는 이들을 위한 외부과정도 진행하고 있다.[103]

2) 교회의 수적 성장

현재 교회는 주정부와 연방정부 안에 힌디, 마라티, 벵갈리, 깐나레세, 타밀, 델루구, 마리야람, 마니뿌리, 영어, 말토, 산따리와 콘까니 언어로 예배드리고 성도들은 여러 교구와 지역, 그리고 지방회에 속해 있다.

인도성결교회는 2000년에 1,000교회 목표였으나 1998년에 달성하였고, 2005년에 2,000교회 목표도 달성되었다.[104] 2012년 12월을 기준

"ECI Bible School Directors Meeting," *Church Planter* 2015. 11-12. (2015): 11.
[101] ECI, "65 Students Graduated from the Regional ECI Bible Schools," *Church Planter* 2012. 6. (2012): 4-5., ECI, "Graduation Services from our Bible Seminaries and Schools," *Church Planter* 2018. 5. (2018): 3-7.
[102] ECI, *Pamphlet on ECI Bible Seminaries and Schools*, 1-4.
[103] ECI, "Seminar for External Students in MTSC," *Church Planter* 2014. 3. (2014): 4.
[104] ECI, *2005-2016, 2018 Hand Book for Pastor* (Chennai: ECI, 2005-2017, 2018)

제4부   제2장   인도성결교회의 선교 역사와 전략   227

으로 3,468교회(셀그룹-3,915개를 포함 7,383개)가 있으며 성도는 약 50만 명이다. 다음 비전은 2020년에 1만 교회 설립과 3만 명의 교회 개척자 훈련, 그리고 10만 가정교회를 세우는 것이 목표이다. 2018년 1월 1일 기준으로, 인도성결교회 11개 지역총회에 등록된 교회는 7,326개 교회와 13,942개 가정교회가 있다.[105]

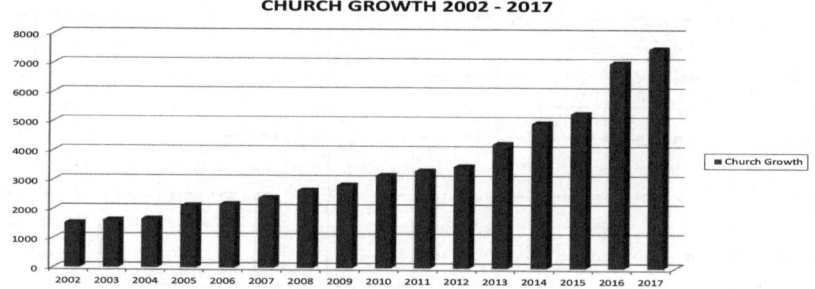

표-18. 인도성결교회 교회성장 도표[106](2002-2017)

---

[105] D Sundar Singh, *Evangelical Church of India-A Missional Church*, National Missions Consultation, (2018. 1. 30-2. 1.), YMCA, Chennai, 5.

[106] ECI, "ECI Annual Statistics," *37th Biennial All India Conference: Bishop-President Address* (Chennai: ECI, 2018), 23., ECI, "ECI Annual Statistics," *34th Biennial All India Conference: Bishop-President Address* (Chennai: ECI, 2012), 17., D Sundar Singh, *Evangelical Church of India-A Missional Church*, National Missions Consultation, 6.

228 인도 선교 전략

표-19. 인도성결교회 전체 현황 통계[107] (2000-2017)

Year	2000	2001	2002	2003	2004	2005	2006	2007	2008	2009	2010	2011	2012	2013	2014	2015	2016	2017
총 교회 수	1344	1456	1517	1610	1657	2126	2178	2392	2653	2828	3166	3318	3468	4238	4949	5276	6901	7326
개척교회 수	80	112	61	93	47	469	52	214	261	175	338	156	220	770	711	327	1625	425
미조직교회	80	112	72	68	63	64	212	187	192	1978	2293	2642	3915	5789		11620		
결신자 수	15430	10117	6040	8370	4936	23450	6240	6420	8497	10427	8249	9725	12500	14250				
세례자 보고	10110	6214	5120	5650	4367	3459	2100	3152	4871	10611	5841	4768	6300	8580	18485	23640	25293	27546
총교인 수	384724	388084	392980	397630	400805	424255	430495	436915	440368	480500	482000	483650	588150	597650	615650	643276	673541	692742
예배 참석자	355320	360450	362680	367890	374326	395056	399078	405498	420300	444350	445500	460224	468000	580500	590115	597332	640320	662119
주일학생 수	143610	144780	145840	148320	150200	153320	156760	158320	151320	26101	28400	29600	30800	32400	34320	35450	37100	39750
총 사역자 수	1098	1121	1232	1348	1448	1862	1903	1947	2083	2355	2433	2489	3767	4058	4560	4815	5100	5500
목사 안수자	438	485	491	513	531	576	407	481	568	612	631	639	709	796	850	952	1176	1248
전도자 수	327	349	349	397	438	447	458	487	528	1743	1802	1850	2278	2386	2516	2628	2730	2860

---

[107] 2005년도에 469개의 개척교회 숫자 가운데 441개 교회는 라지마할 지역(Rajmahal Area) 말토(Malto)종족의 교회가 10월에 편입되었기 때문이다. ECI, *31st Biennial All India Conference*, 74-75., ECI, "ECI Annual Statistics," *34th Biennial All India Conference: Bishop-President Address*, 18., ECI, "ECI Annual Statistics," *37th Biennial All India Conference: Bishop-President Address*, 24.

제4부   제2장 인도성결교회의 선교 역사와 전략   229

3) 교회 건물의 확충

인도성결교회의 건물은 지금까지 기성의 전폭적인 후원을 통해 교회를 건축해 왔으나 점차적으로 인도성결교회의 지교회 혹은 개인의 후원으로 교회와 사택, 그리고 신학교 안의 편의 시설들이 세워지고 있다.[108]

표-20. 인도성결교회 신축 건물 현황(2008-2018)[109]

기간	건축 수	KEHC 단독	기타 (개인 외국지원 포함)	기타(%)
2008.11.- 2010.10.	73	45	28 (KEHC 공동 포함)	38.3
2010.10.- 2012.08.	48	37	11	22.9
2014.11.- 2016.09	43	32	11	25.6
2016.11.- 2018.09.	33	17	16	48.5

---

[108] ECI, "ECI believer's contribution towards mission fields," *Church Planter* 2011. 5. (2011): 5.
[109] ECI, "Dedicated Building of ECI," *33th Biennial All India Conference: Bishop-President Address* (Chennai: ECI, 2010), 19-20., ECI, "Dedicated Building of ECI," *34th Biennial All India Conference: Bishop-President Address,* 18-19., ECI, "Dedicated Building of ECI," *36th Biennial All India Conference: Bishop-President Address* (Chennai: ECI, 2016), 12., ECI, "Dedicated Building of ECI," *37th Biennial All India Conference: Bishop-President Address,* 7.

위의 표에 의하면, 2008년 11월부터 2010년 10월까지의 교회와 사택, 그리고 편의시설 신축 건축물 중에 기성에서 단독으로 후원한 것을 제외하고 지역교회 혹은 개인, 외부후원의 비율은 38,3%, 2010년 10월부터 2012년까지의 2014년 11월부터 2016년 9월까지는 25.6%, 2016년 11월부터 2018년 9월까지는 48.5%로 계속해서 증가하고 있음을 보여준다. 이것은 인도성결교회 내의 교회들이 재정적으로 여력이 있음을 나타내고, 인도 선교사 운동(IMM)을 통한 선교비전 공유와 자립하고자 하는 열망이 있음을 보여 주고 있다.

즉, 첸나이 지역총회의 사이다뻿(Saidapet)교회와 티루망가람(Thirumangalam)교회에서는 절칸트 주와 구자랏 주에 각각 5천불과 4만 불의 헌금을 교회 건축에 후원하여,[110] 4개의 교회가 한꺼번에 건축되기도 했다.[111] 말토 종족 아이들을 위한 기숙사 건축을 위해 1만 2천불을 헌금하고 타밀나두 주의 체멘체리교회에서 2천불을 후원했다.[112]

---

[110] ECI, "Generous Giving of the ECI Chennai Diocese Church Believers," *Church Planter* 2009. 9. (2009): 5.
[111] ECI, "Church Dedicated in Jharkhand," *Church Planter* 2011. 3. (2011): 7.
[112] ECI, "Malto Tribal....," *Church Planter* 2010. 6. (2010): 2.

4) 전국적인 교회로의 성장

전국적인 교회로의 성장은 인도성결교회의 지도자들이 주로 '인도남부의 드라비다 종족 출신들의 한계를 어떻게 극복해야 하는가'가 달려 있다. 아직 인도성결교회 총회본부와 북부 일부 지역에서의 상위지도자들이 남부 출신 목회자들이지만, 지역총회와 지방회 혹은 소수 종족의 중요 인물들은 그 지역 출신을 지도자를 세워가고 있은 것도 고무적인 일이다.

그리고 서북부의 구자랏(Gujarat)과 라자스탄(Rajastan), 그리고 북부의 번잡(Punjab)과 히마찰 프라데쉬(Himachal Pradesh) 주 등에서 계속해서 교회가 세워지는 것은 전국적인 교회로 성장하고 있다는 것이다. 이는 수용성 있는 사람들과 종족, 이주민들에게 대한 집중 전략과 함께 지역교회들은 전도의 열정과 함께 이를 위해 지역출신 지도자를 계속 세우고 있다.[113]

5) 100주년 목표 설정

인도성결교회는 100주년이 되는 2056년에는 10만 교회 설립을 목표로 설정했다. 이것을 성취하기 위해 총회장 순덜싱 목사는 다음과 같이 제안한다.[114]

---

[113] ECI, *37th Biennial All India Conference* (Chennai: ECI, 2018), 4-87.
[114] D Sundar Singh, *Evangelical Church of India – A Missional Church*, National Missions

(1) 수용성 있는 종족에게 접근하기

31개 종족을 분류하고 그들 가운데 사역하고 교회를 세우기 위해 국내선교사들을 보낸다. 만약 각 종족에게 2명씩 선교사를 보낸다면 우리는 62명의 훈련된 사역자들이 필요하다. 그들은 구자랏(Gujarat)과 지수뻬타(Jisupita) 절칸트(Jharkhand) 주의 성경학교에서 훈련되고, 지역총회는 정한 종족에게 맞도록 선교사들을 성경적으로 훈련하는 후원자가 되어야 한다. 인도성결교회와 IMM, 그리고 ECC가 공동으로 복음에 수용적인 40개 종족 가운데 27개 종족과 접촉했으며 나머지 그룹을 위한 기도와 후원이 계속 필요하다[115].

Consultation, 5., ECI, "ECI Annual Statistics," *37th Biennial All India Conference: Bishop-President Address,* 16-21., ECI, "An Undelivered Sermon," *Church Planter* 2016. 5.-6. (2016): 1-4., ECI, "Motivating the Entire Church Towards Centenary Vision," *Church Planter* 2017. 8. (2017): 5., ECI, "…Sharing Centenary Vision of ECI…," *Church Planter* 2018. 1. (2018): 1-6.

[115] ECI, "Reaching the Unreached," *Church Planter* 2015. 4. (2015): 10.

표-21. 인도성결교회 100주년 목표로 분류한 27개 미전도 종족 표

지정계급   소외계급   지정부족

The Vision Casting
People Groups to be targeted to attain 10 Million Disciples by ECI Centenary (2056)

S.No	Name of the People Group	Class	Population	Christian %	Target %	States Present	Receptivity Scale
1	Koya	ST	830000	3%	20%	Andhra, Odisha	****
2	Banjara	ST	5754000		50%	Andhra, Karnataka, Maharashtra	****
3	Yenadi	ST	395739	0.5%	10%	Andhra Pradesh	**
4	Gond	ST	13543000	1%	40%	MP, Chattisgarh, Maharashtra	***
5	Mazhabi Sikh	SC	2431028	1.25%	40%	Punjab, Haryana	****
6	Bhil	ST	14538000	3%	40%	M.P, Gujarat, Rajasthan, Maharashtra	***
7	Meena or Mina	ST	4713000	1%	15%	Rajasthan	**
8	Matang	SC	2464000	7%	30%	Maharashtra	**
9	Kolam	ST	120000	3%	15%	Maharashtra	***
10	Varli	ST	1066000	4%	20%	Maharasthra	***
11	Korku	ST	146000	1%	10%	Maharashtra	**
12	Dom	SC	771000	5%	20%	Odisha	**
13	Kondha	ST	920000	7%	30%	Odisha	***
14	Puraja	ST	50000	0.5%	15%	Odisha	**
15	Santhal	ST	8289000	5%	40%	Jharkhand, West Bengal	***
16	Malto	ST	178000	9%	50%	Jharkhand	****
17	Teli	BC	17252000	2%	15%	Bihar, UP	**
18	Khasi	ST	1333000	81%	15%	Meghalaya	***
19	Devandra Kulathar	SC	3067000	4%	20%	Tamil Nadu	**
20	Irular	ST	225000	0.5%	10%	Tamil Nadu	**
21	Paniyar	ST	100000	0.2%	10%	Kerala	**
22	Kokna (Kukna)	ST	1073000	4%	20%	Gujarat	***
23	Munda	ST	3764000	16%	20%	Assam, Jharkhand, West Bengal	**
24	Saura	ST	1009000	10%	30%	Odisha	***
25	Chenchu	ST	63000	0.2%	10%	Andhra Pradesh	**
26	Gadabha	ST	116323	3%	15%	Odisha	***
27	Chamar	SC	19803106	1%	14%	Uttar Pradesh	**
			104014196				

**** - Most Responsive   *** - Very Responsive   ** - Responsive
(Christian % is based on Joshua Vision Project and some people groups based on collected information)
Refer Pictures for each people group

(2) 성경학교와 신학교 역할의 변화

담임목회자가 아니라 더 많은 복음전도자와 선교사들을 훈련시켜야 한다. 이를 위해 신학교와 성경학교에서 십자군 전도대(ECC)의 '훈련와 배가' 프로그램을 잘 소개해야 한다.

대중적인 사역자과 지도자들을 훈련해야 한다. 성경학교와 신학교에서 정규적인 프로그램을 제공할 뿐만 아니라 중부 인도의 종족 지역과 북동부에서 온 학생들을 위한 1년 과정을 제공하여 구자랏, 라자스탄, 절깐트, 비하르, 오딧사, 아쌈 등에서 선교사로 사역하도록 준비시켜야 한다.

신학대학에는 이미 그들을 위한 숙소를 준비되었기 때문에 음식만 제공하면 된다. 매년 100명의 학생들을 훈련시켜야 한다. 이를 위해 단지 음식과 현장 사역에 필요한 교통비가 필요할 뿐이다. 캘커타신학교에서 시작된 사역은 곧 알라하바드 신학교로 확대될 것이다. OMS에서 3년 과정 신학교와 성경학교를 후원하기로 시작했고, 십자군 전도대도 '훈련과 배가' 과정을 가르치기 위해 단기간의 훈련생을 후원하는 것을 고려하고 있다.

(3) 십자군 전도대 사역의 재조직

인도의 십자군 전도대는 초기에 여러 지역에서 70개가 넘는 팀이 사역했다. 이 팀들은 수백 개의 인도성결교회를 세웠고, 그중에는 여러 선교사들을 후원하는 큰 교회가 되었다. 성장은 더디지만 매우 견고하다. 인도의 상황에서 예배 장소는 매우 중요하다. 가정교회는 단지 임시적인 방편이고 여러 가지 문화와 사회적인 이유들 때문에 교회성장에 도움이 되지 않는다.

초기에는 신학교에서 신학교육을 위해 장학금을 받은 이후에 3년 동안 한 마을에서 한 십자군 전도대 팀과 사역했다. 이 사역의 유형을 변화시켜 교회가 없는 마을에 2개 혹은 3개 팀에 신학생들을 임명할 것이다. 그들은 임대 가구와 사역지이동의 편의를 위해 자전거와 오토바이를 제공받을 것이다. 모든 학생들은 인도성결교회에서 설교하는 자격이 주어지기 전에 미전도 지역에서 적어도 2-3년 동안 보내야 한다. 인도성결교회 팀들은 적어도 3-4개 이웃마을에서 선교 사역을 이행할 것이고 교회들을 세울 것이다.

(4) 지역교회 안에서 선교사 모집

지난 10년 동안 순복음교회와 복음주의교회 안에서 선교사 지원은 크게 줄어들었다. 인도성결교회도 예외는 아니다. 사명에 대한 선포는 많았지만 전임사역자 특별히 미전도 지역에 선교사로 자원하는 헌신은 줄어들었다. 이것은 확실히 전통적인 십자군 전도대원들을 발굴하는 것이

어렵다는 것을 보여 준다.

　최소한의 자격은 개인적인 소명과 학교 최종시험에 합격해야 한다. 지금은 대부분의 학생들이 고등학교 과정 후에 전문적이거나 대학과정에 진학한다. 높은 교육을 그들에게 제공하기 위해 문과대학과 과학대학, 그리고 기술대학들이 우후죽순으로 생겼다. 젊은이들은 학위를 얻은 후에 수입이 많은 직업을 선택하고 있는데 그들에게 신학교육을 받을 것이라고 기대하기 어렵다.

　그러므로 적어도 지역교회는 한 달에 한번 기독교사역, 특별히 선교 분야에서 일하는 젊은 사람들이 필요하다는 것을 말해야 한다. 이것은 인도성결교회가 더 관심을 가져야할 중요한 일 중에 하나다.

(5) 평신도들에게 선교 관심 자극

　필요는 크고 사역지는 광대하다. 그래서 평신도들 사이에 선교 관심에 대한 자극을 주고, 지역교회에서는 그들을 훈련시키고 복음 사역의 권한을 주는 것이다.

　'지도력 개발 성서학원(Biblical Institute of Leadership Development, BILD)' 국제본부는 재정과 교회에서 신학교육을 실행할 수 있는 교과목을 제공함으로 많은 도움을 주었다. 모든 지역교회에서 일주일에 한번은 이와 같은 훈련과정에 참여하길 기대한다.

십자군 전도대의 '훈련과 배가' 프로그램에 이 훈련에 유용하다. 이것은 지역교회의 성도들이 지역 복음과 선교사로써 다른 선교 사역에 파송되거나 "가정교회"[116]를 세울 수 있도록 한다.[117] 전체 성도들은 복음전도와 교회 개척에 동원되어야 한다. 100주년에 10만 교회 설립을 위해 신학교와 훈련된 목회자들만으로는 가능하지 않다.

그러므로 평신도 지도자들을 독려해야 한다. 세상에서 직업을 가지고 있는 평신도들을 단기간에 성경을 배우게 하여 그들을 '성경문답교사' 혹은 '평신도 목회자'로 임명하는 것이다.

(6) 어린이와 젊은이에게 접근

각 지역총회는 개 교회의 어린이와 청년들의 영적성장을 위해 교회학교와 청년부가 있고, 비신자인 아이들과 청소년들을 위한 아웃리치 프로그램을 가지고 있다.

매년 특별한 주제에 맞는 노래와 교육으로 방학성경학교(Vacation Bible School, VBS)를 발전시키고 있다. 1,500명의 성경학교 책임자들은 이틀 동안 훈련받고 돌아가 비신자 배경에 있는 수천 명의 아이들을 가르친

---

[116] ECI, "Cell Group Leaders Training," *Church Planter* 2015. 9. (2015): 11.
[117] 평신도들에게 캘커타의 순덜반 제도에서 십자군 전도대의 '훈련과 배가' 프로그램을 실시한 결과 160명의 새 신자들에게 세례를 주었다. ECI, "160 New Believers Baptized in Sunderbans...," *Church Planter* 2011. 12. (2011): 5.

다. 수많은 아이들은 방학성경학교 사역을 통해 신자가 되었다.

첸나이 지역총회는 초급자에서 상급자까지의 모든 주일학교 교재를 준비하고 있다. 선교사들을 소개하는 면은 아이들 가운데 선교에 대한 열정을 증가시키기 위해 교재에 포함시켰다. 이 교육교재는 다른 언어들로 준비되었고 모든 교회에서 사용될 것이다.

(7) 다음세대 지도자 육성

빠른 교회성장과 함께 인도성결교회는 중요한 일 중에 하나가 다음 세대 지도자들을 양성하는 것이다. 62년 동안 선배 지도자들은 퇴임하고 있고, 높은 지위에 있는 지도자들의 공백을 피하기 위한 대책을 강구해야 하는 좋은 시기이다.

인도성결교회의 성장률은 최근에 매우 높다. 교회성장에 맞는 2세대, 3세대 지도력이 발전되어야 한다. 매년 '여호수아의 집'(House of Joshuas)[118] 지도력 훈련 프로그램으로 젊은 지도자들을 훈련하고 성장시킬 수 있다.

---

[118] ECI, "House of Joshuas and Moses Leadership Seminar-An Initiative to Train Next Generation Leaders," *Church Planter* 2017. 9. (2017): 3-4.

제5부

결론

제1장 · 요약

제2장 · 제언

제1장

요약

　인도교회의 역사는 선교사 중심의 선교였다. 그 역사와 선교특징을 살펴보면, 초기에는 사도 도마의 사도적 관심과 시리아교회와 페르시아교회를 통해 10세기까지 박해와 선교열정을 가지고 이주한 사람들에 의해 이루어졌다. 남부 지역을 중심으로 접촉하여 거주하면서 소규모의 선교 사역이 가능했다.
　11세기부터 16세기까지의 인도 선교 중기 역사의 특징은 로마 가톨릭과 포르투갈이 주도가 된 선교이다. 그들은 식민지 정책의 힘으로 강제적인 개종과 유럽의 문화와 관습을 이식하려고 했다. 그러나 르베르 드 노빌리(Robert de Nobili)와 같은 선교사들은 인도의 생활양식을 존중하며 상위 계층의 사람들에게 복음을 전하는 일과 인도문화 속에서 복음을 전하려고 노력했다.

인도 선교 근대 역사에서 덴마크 할레선교회(Halle Mission)와 바돌로메 지겐발크(Bartholomew Ziegenbalg) 그리고 윌리엄 캐리(William Carey), 알렉산더 더프(Alexander Duff) 선교사 등이 활동했다. 그들은 내륙지방과 동북부를 중심으로 사역했다. 이 시기의 선교의 특징은 서구의 문화우월주의다. 그러나 알렉산더 더프와 같은 선교사들은 인도문화를 인정하려 했고, 성경 번역과 같은 문서선교와 교육기관을 설립하는 등의 사역을 했다.

20세기부터 시작된 인도 선교 현대역사의 특징은 문화에 맞는 선교에 관심을 기울였다. 대표적인 선교사는 스탠리 존스(E. Stanley Jones)이며, 교회내의 독립 선교에 대한 자각으로 남인도연합교회(Church of South India)와 북인도 연합교회(Church of North India)가 태동하였다.

독립 이후에 자국민 전도를 목표로 '인디아복음선교회'(Indian Evangelical Mission, IEM)와 '우정의 선교사 기도연합회'(The Friend's Missionary Prayer Band) 그리고 '인도 선교협의회'(India Mission Association) 등의 연합 운동이 전개되었다. 하지만 선교 대상이 대중전도와 낮은 계층으로 집중되었다.

인도 선교의 외부적 한계와 과제는 다양한 언어와 문화, 그리고 문맹률, 그리고 역사 이해 부족으로 인한 지적 한계이다. 또한, 카스트 제도를 유지하려는 경향과 대부분 하위계급의 기독교인들에게 대한 거부함으로 인한 사회적 장벽이 있다. 그리고 힌두교의 우월성을 토대를 관용주의와 기독교와 타종교에 대한 상대주의에서 나타나는 종교적 문제가 있다. 오랜 식민지배 속에서 민족주의의 부상과 종교적 중립성 속에 감쳐진 정치적인 의도가 있으며 기독교의 사회봉사 등으로 부상하는 하층민들에 대한 경제적으로 경계한다.

인도교회의 내부적인 한계와 과제는 서구 선교의 물량 선교로 인한 자립정신을 찾기 어렵다. 그리고 동일 집단의 개종에 의존함으로 명목적인 신자가 많다. 또한, 선교 대상이 상층계급의 사람들보다는 하층계급의 사람들에게 집중되었다. 지리적인 특징으로는 주로 해안지역과 북동부 지역에 기독교인들이 분포된 것이 전인도 복음화에 내부적인 한계이다.

그러나, 인도교회는 20세기 초기에 교회일치운동과 선교 연합운동을 통해 선교의 독립적인 경향을 보인다. 다양한 언어와 종족을 통해 기독교의 토착화를 이룰 수 있는 장점이 있다. 그리고 기독교적 세계관을 가지고 설립된 학교를 통한 교육선교와 집단 개종된 기독교인들의 변화된 삶을 통한 선교의 확장이 기대된다.

한국교회의 선교는 네비우스(John L. Nevius) 선교 정책을 기초로 한 선교 전략과 선교지와 피선교지를 동시에 경험함으로 얻은 선교의 이해,

그리고 복음 선포에 대한 열정이 있다.

　한국교회의 인도 선교는 1978년에 기성에 의한 간접선교로 시작되었다. 1980년대부터는 선교사를 파송하여 직접 선교하였다. 한인 선교사의 교회 개척의 특징은 처음에 직접 개척하고, 이후에 후원하고, 자립하도록 돕는 역할을 하며 인도 교단과 협력하여 개척하기도 했다. 또한, 한인교회와 현지 선교단체들과의 협력을 통해 선교하고 있다. 그리고 신학대학교과 일반 학교를 설립하여 운영하거나 협력한다.

　한국교회의 선교 전략을 통해 인도에 교회 개척과 성장, 그리고 복음적 신학의 영향을 주었다. 한인 선교사들은 신학교와 한인교회 그리고 현지 선교 단체와도 협력관계를 이루고 있으나 일부 교파주의와 수준이하의 신학교육과 하층 계급에 선교대상이 집중되는 한계도 있다. 이에 적합한 상황화로서의 문화접근과 체계적인 협력 사역이 요청된다.

　인도성결교회는 OMS에 의해 설립되어 1978년부터 사중 복음에 근거한 선교신학과 동반자적 협력 사역의 선교 정책을 가진 기성과 교회 건축 지원과 미자립교회 목회자를 위한 생활비 지원, 그리고 인도 교역자 및 지도자 초청 교육 등으로 협력하였다.

　1992년부터 기성은 선교사를 파송하여 인도성결교회와 직접 협력 사역을 하고 있다. 교단 최초의 인도 선교사였던 김영암은 교단의 인도 선교 전략의 문제점을 폭넓게 이해하고, 지난 사역들을 분석하고 전략의 한계를 정했다. 김봉태는 인도 선교부와 인도신학교 후원이사회를 구성하고, 교단 선교 전략을 토대로 운영규정을 만들어 그 안에 권역별로 효과적인 사역을 구상했다. 이병성은 인도성결교회와 기성의 매개자로 협력 사역을 하면서 교회 건축과 신학교사역, 그리고 목회자 생활비를 지원하였고, 학교 사역과 한인교회 협력 선교 전략을 통해 의미 있는 결과들을 얻었다.

에즈라 살구남(M. Ezra Sargunam) 목사는 인도성결교회의 최초의 개척자이며 초대 감독으로 도날드 맥가브란(Donald A. McGavran)의 교회성장학의 영향을 받았다. 그의 신학사상과 선교 전략은 인도성결교회 선교 전략이 되었다. '복음전도자들이 미전도 종족에게 나아가 교회를 배가시키고, 수용적인 사람들을 제자삼고, 변화시키는' 인도성결교회의 비전과 사명에서 그의 선교 전략을 이해할 수 있다.

인도성결교회는 선교 전략을 실천하기 위해 종족 선교와 자국민 선교를 위해 인도인 선교사 운동(Indian Missionary Movement) 단체를 설립하고, 교회 전방개척을 한 십자군 전도대(Every Community for Christ), 종족 선교를 위해 우정의 선교사 기도밴드(Friends Missionary Prayer Band)와 협력하여 사역했다. 또한, 수용성 선교 전략과 능력대결 선교 전략, 그리고 도시선교 전략, 사회봉사와 구호활동, 해외의 교단과 선교단체와 전략적으로 협력하고 있다.

그 결과, 인도성결교회는 3개의 신학교와 10개의 성경학교를 세우게 되었고, 1972년을 시작으로 단기간 내에 교회와 교인수의 증가를 가져왔다. 교회 건축은 기성의 주도로 1987년부터 총 502개의 교회가 건축되었다.[1] 2008년 이후부터는 인도교회와 성도들의 노력으로 교회와 사택, 그리고 신학교 편리 시설 등을 후원하기 시작했다. 그리고 인도성결교회는 2056년에 100주년을 향한 10만 교회설립에 대한 비전을 세워 실천하고 있다.

인도성결교회는 수적으로 성장했다. 에즈라 살구남 목사의 교회성장 원리에 바탕을 둔 선교 전략은 수용성 있는 동일 종족 집단에 집중함으로 단기간에 하층 계급의 사람들과 소외받는 종족들에게 복음을 전하는 결과를 가져왔다. 그러나 상층 계급의 사람들과 도시 중산층에 대한 신학적 연구와 선교 전략을 세우는 일을 등한시했다.

인도성결교회는 동일 집단에 선교하는 집중전략을 중심으로, 이를 실행하기 위해 가족 단위로 전도대상 그룹을 분류하여 선교하는 전략을 필요하다. 또한, 도시로 이주한 이주민들이 고향으로 찾아가는 선교 네트워크와 지역의 종족과 지방 정부와의 협력을 통해 선교환경을 조성해야 한다.

---

[1] 기독교대한성결교회 해외선교위원회, 『해외선교위원회 40주년 기념 선교 백서』, 173-181.

외형적으로는 강력한 능력대결로 인한 하나님의 역사가 나타나야 한다. 그리고 인도 문화에 맞는 교회 건립을 계속하는 일과 인도 신학을 바탕으로 인도인들이 기독교에 동질감을 가질 수 있는 토착화(Inculturation) 선교 전략이 요구된다.

제2장

제언

　인도성결교회는 기독교대한성결교회의 동반자적 선교와 에즈라 살구만 목사의 강력한 지도력을 바탕으로 한 수용성 원리에 따른 선교 전략으로 성장해 왔다. 그러나 선교대상이 하층민과 종족 선교에 집중함으로 인도 사회의 영향력은 미비하고, 외부선교단체에 의존적이며 교회는 해안 중심의 주와 종족지역에 편중되어 있다.

　인도성결교회는 2016년에 창립 60주년에 새로운 총회장이 선출되었고, 인도는 경제와 사회, 그리고 문화 등 사회가 빠르게 변화하고 있다. 이러한 시기에 과거 선교사 중심의 선교 전략에서 인도인의 필요와 정서에 맞는 현지인 중심의 선교 전략으로의 전환이 필요하다.

다음과 같이 인도성결교회의 선교 전략을 연구 결과로 제안하고자 한다.

첫째, 이미지 선교 전략이다.[1]

이 전략은 위압적이고 공격적 선교 전략이 아니라 상징성에 더 큰 의미를 둔다. 상징물은 문화를 집약적으로 표현하고 알리는 역할을 한다. 미국의 자유의 여신상, 프랑스의 에펠탑, 인도의 타지마할 등은 그 문화의 상징으로 위압적이지 않고 그 나라의 문화를 반영하는 상징이 된다. 이처럼 교회의 건물이 대표적인 상징이 되도록 해야 한다.

인도는 각 지역마다 거대하고 화려한 사원을 갖고 있고 사람들은 끊임없이 방문한다. 그들을 사원이라는 상징물을 통해 신의 존재를 나타내고 힌두교의 우수성을 나타내고자 한다. 인도인들은 종교에 대한 포용성과 경외감으로 교회 건물도 종교의 내용만큼이나 중요하게 생각한다.

"한인교회와 선교사들이 인도에서 가장 많은 재정을 교회 건축에 후원하고 있으나 교회 건축이 이국적이고 부적절하고, 민족주의 세력에게 불필요하게 자극할 필요가 없기 때문에 가정교회 형태로 세워야 한다.

---

1 이미지 문화는 은유, 상징, 이야기가 복합한 그물처럼 짜인 상징화된 시스템이다. 포스트모던 문화에서 이미지는 힘의 언어로 작용한다. 전석재, "포스트모던 문화와 선교 전략," 한국연합선교회, 『선교와 현대 사회』(서울: 미션아카데미, 2011), 76.

그리고 반드시 현지인의 헌신으로만 건축되어야 한다"[2]는 주장은 현재 법적으로 공인된 기독교를 초창기 선교시기로 되돌아가자는 것과 같고, 선교 현장의 전략적 협력 선교의 필요성을 간과한 것이다.

인도성결교회의 교회 건축은 지역의 원로회인 뻔져(5인 위원회)와 지역 주민의 동의를 받아 합법적으로 건축을 진행하고 있다. 또한, 2004년 쓰나미가 발생하여 해안 지역을 중심으로 약 8만 명의 희생자가 발생하자 기성의 모금으로 지역주민을 위한 주택을 건립하면서 회당 역할을 하는 교회를 동시에 건축했다. 십자가는 없지만 그 안에서 주민들이 회의하고 지역 아동들에게 방과 후에 교육의 장소로 활용되었다. 교회 건물이 주민들을 위한 장소가 되고,[3] 종교를 상징하는 대표적인 건물이 되었다.

이것은 작고 초라한 기독교의 이미지를 벗어나도록 힌두교 사원과 모슬렘 모스크와 같이 교회 건물을 통해서 사회적인 영향력 확대해야 한다.

---

2 진기영, 『서양식 선교 방식의 종말』, 375-382.
3 K Rajendran는 그의 책 『효과적인 인도 선교 핸드북』(p. 211)에서 교회들은 일주일 7일 동안 매일 개방되어 있어야 하며, 아침, 저녁으로 시간 사이에 휴식을 포함시켜, 적절한 강연을 제공하고 주일에는 더욱 그렇게 해야 한다. 이러한 강연들은 힌두교인들을 교회로 이끌 것이다. 왜냐하면 힌두 사원이나 힌두 구루(스승)들의 장소에는 이러한 강연들이 정기적으로 행해지며, 무슬림들은 하루에 다섯 번의 기도와 강연들과 함께 모스크는 하루 종일 개방한다. 반면에 교회는 거의 개방하지 않는다.

인도는 사도행전 17장 16절에 "바울이 아덴에서 그들을 기다리다가 그 성에 우상이 가득한 것을 보고 마음에 격분하여"의 말씀처럼 우상이 가득하다. 이 우상이 가득한 인도에 크고 작은 교회가 가득해야 하며 이를 위해서 교회 개척과 건축은 지속되어야 한다.[4]

둘째, 동일 계급 집중전략이다.

에즈라 살구만 감독이 작성한 '2000년도 1천 교회 백만 성도 목표'을 위한 전략과 방법론의 6번 항[5]에서 그는 카스트 제도나 문화를 교회성장이나 전도에 대한 장애로 생각하지 않는다. 오히려 카스트를 매개로 사용하는 것이 선교 전략이다. 이는 서구 선교사들과 연구자들이 카스트 제도를 인도 선교의 장애물로 본 것과 대비를 이룬다.

외부자들은 높은 계급을 가진 사람들에게서 회심자를 얻어 사회적 영향력을 확대하는 것이 바람직하다고 보지만 로마시대 노예제도 제도 자체를 철폐하려는 시도보다는 그 안에서 복음화의 진전을 이루어냈던 결과처럼 인도에서도 같은 종족과 같은 계급 내에서의 회심과 복음전파가 집단 개종이라고 하는 긍정적인 선교 전략으로 삼을 수 있다.

---

[4] 기독교대한성결교회 해외선교위원회, 『해외선교위원회 40주년 기념 선교 백서』, 164.
[5] 기독교대한성결교회 해외선교위원회, 『인도 김영암 선교사 선교 보고 자료모음집』, 33-42.

즉, 초기 개종자가 이교도의 문화와 종교의 틀에서 벗어서 기독교 세계관을 인식하고 삶으로 적용해 가는 실천적 훈련 후에 같은 종족 집단과 지역에 다시 전도자로 파송되도록 격려하고, 충분한 훈련과정이 필요하다. 선교사가 직접 들어가 삶을 나누고 복음을 전하는 것은 많은 시간이 요구된다. 그러므로 지나친 박해가 있는 지역이나 실무적인 지도자 양성이 필요할 때에는 개종자 혹은 개종자 가족을 그들의 집단에서 분리하여 훈련하고 다시 파송하는 과정이 필요하다.

아울러 동일 계급 집중전략은 작은 사회 계층을 목적으로 한 전략을 의미하지 않는다. 회심자 중에는 상위 계층의 사람들도 있고, 오래 전부터 믿음의 세대를 이룬 가정들도 있다. 신앙 안에서는 계층의 차별이 있을 수 없으나 사회적 지위와 계층은 분명히 존재하기에 상위 계층을 위한 선교 전략과 연구, 그리고 유연한 관계 형성을 지속적으로 유지해야 한다.

셋째, 가족 단위 선교 전략이다.

이것은 맥가브란의 동일 집단 사역 원리를 기초로 한다. 인도에서 부족보다 더 적은 사회인류학적 단위는 가정 혹은 가족 더 나아가 친척이다. 이 가족을 복음화 하는 길은 가장을 전도하여 전 가족을 복음화 하는 길이다. 가족 단위로 선교하게 된다면 건물 중심이 아니라 사람중심

으로 사역할 수 있다.⁶

서구 사회는 개인주의적이기 때문에 가족 단위의 전도가 효과를 거두기 어려울지 모르나 비서구 사회는 가족 중심의 강한 혈연 의식을 가지고 있기 때문에 가족 단위의 선교 전략이 인도에서는 가장 중요하고 효과적인 선교 전략이다. 가족 중심이나 씨족 중심의 전도에서 중요한 전략은 결정권과 권위를 행사하는 씨족장이나 가장을 상대로 하기 때문에 인간적인 교제를 기초로 한다. 가족 선교 전략이 유리한 것은 '가족'⁷이란 어느 사회, 어느 시대에도 사회의 기본적인 단위가 되기 때문이다.

넷째, 지역 연계 선교 전략이다.

이것은 가까운 지역의 종족들과 정보와 협력을 구하는 전략이다. 현재 해외 선교단체와 인도 선교단체 혹은 교회의 협력뿐만 아니라 지방정부와의 개발협력과 협조를 통해 한 지역에 집중하되 다른 지역에도 가능한 정보를 공유하고 연계하는 것이다.

현재 선교가 불법과 오해로 인해 선교의 장애물이 발생하는 경우가 많다.⁸ 지역 사회의 공식적인 지도자와 비공식적 여론 주도자들을 파악하고 이들과 의사소통하고 교류하는 것이 필요하다. 이들과 긍정적 관

---

6 조은호, "힌두민족주의 인도 선교 전략, 한국세계선교협의회, 『세계선교대회 7차 선교 전략회의』(서울: 한국세계선교협의회, 2018), 540.
7 전호진, 『선교학』(서울: 개혁주의신행협회, 1985), 310-317.
8 김한성, "힌두권 반개종법의 환경 속에서의 선교," 「선교신학」 제49집 (2018): 173

계를 유지하여 평상시의 선교 사역에 도움을 얻을 수 있고 유사시의 부정적인 환경을 완화시키는데 도움을 얻을 수 있다.

그 예로, "오릿사 폭동"[9]을 일으킨 외부적인 요인은 개종이지만 힌두 공동체와 기독교 공동체 사이의 경제적 격차로 인한 갈등과 시기심이다.[10]

---

[9] 2008년 8월 23일 오릿사(Orissa) 주에 살고 있던 힌두 승려 스와미 악시마나난다 사라스와띠(Swami Lakshmananda Saraswati)의 피살 사건으로 인해 촉발된 힌두 근본주의자들의 기독교 박해 사건이다. 전인도기독교협의회(All India Christian Council)는 59명이 사망하고 18,00명이 부상을 입고, 2명이 강간을 당했으며, 151개 교회와 13개 기독교대학이 파괴되었고, 4,400채의 집이 전소됨으로 5만 명이 집을 잃었다고 발표했다. 진기영, "2008년 인도 오릿사 기독교인 박해와 향후 선교적 과제," 126-127.

[10] 오릿사 폭동의 진원지인 깐다말 지역에는 65만 명의 지정 카스트(Scheduled Caste)가 살고 있다. 이 지역에는 깐드(Kandhs)족이 80%, 빠나(Panas)족이 16%를 차지한다. 두 부족은 문맹률이 인도에서 가장 높고 가장 어렵게 사는 족속이다. 그런데 힌두 신앙을 가진 깐드족과는 달리 빠나족은 다수가 기독교를 받아들임으로 문맹을 벗고 경제적으로 잘 살게 되었다. 선교사들과 교회가 이 지역에서 열심히 선교 활동을 펼치면서 빠나 사람들에게 무상 교육과 의료 서비스를 제공함으로 사람들이 호감을 갖게 되었다. 뿐만 아니라 선교사들로부터 영어 교육을 받아 상대적으로 더 나은 직업 선택의 기회가 주어졌다. 그래서 경제 사정이 깐드족과는 많은 격차를 생기게 되었다. 빠나족이 선교사들을 통해 교육, 경제, 의료 혜택을 받은 것은 사실 이지만 그것만이 그들의 개종 이유는 아니다. 그러나 깐드족의 시선에서는 예전에는 못 살던 빠나족 사람들이 선교사를 만나고 교회에 출석하고 옷도 더 좋은 옷을 입고, 영어도 말하고, 큰 교회 건물도 짓고, 학교와 병원을 짓고, 높은 카스트 사람들처럼 사는 것이었다. 이것은 그들 입장에서 보면 불공정 경쟁이다. 빠나족이 개종을 했다고 해서 돈 받은 일은 없지만 개종한 이후로 경제 신분이 향상된 것은 사실이다. 빠나의 기독교인들은 기독교인에게는 법으로 금지되어 있음에도 불구하고 정부가 지정 카스트에게 제공하는 공무원 일자리나 장학 혜택까지도 가져가고, 우상시하는 쇠고기까지 먹고 있음으로 잘난 것 없이 단지 개종 때문에 얻는 사회경제적 이득이 깐드족의 시기와 분노를 일으킨 것이라면 앞으로도 이러한 사태는 재발할 여지가 있다. Ibid., 128-134.

지역연계 선교 전략은 지역적 상황을 이해하고 법과 질서 안에서 지역 주민과 국가기관에 긴밀하게 소통하면서 필요한 부분을 요구할 수 있다.[11] 또한, 관계기관과의 긴밀한 이해와 협조를 통해 복음을 효과적으로 전할 수 있다.

다섯째, 능력대결 선교 전략이다.

에즈라 살구만 감독이 작성한 '2000년도 1천 교회 100만 성도 목표'을 위한 전략과 방법론의 5번 항에는 "수백 명의 사람들이 신유와 기적과 표적을 통해 예수 그리스도를 알게 되었다(막 3:14-15)"[12]고 설명하며 선교 전략을 모색한다.

실제로 교회 건축을 지원한 교회 중에 정착하고 성장하는 과정에서 신유와 능력대결이 상당한 영향을 주었다.[13] 이는 힌두교를 비롯하여 많은 종교들 사이에서 하나님의 존재 증명의 중요한 역할을 하는 능력대결 선교 전략을 적극적으로 활용해야 한다.

여섯째, 이주민 동원 선교 전략이다.

인도성결교회는 도시에 이주한 사람들을 통해 도시 중심에 교회를 세우고, 도시 근교와 가까운 마을에 복음을 정기적으로 전하며 교회를 세

---

[11] Sandeep Mishra, *"Jealously Has Prompted Attacks: Christian Priest,"* (The Times of India, September 30 2008).
[12] 기독교대한성결교회 해외선교위원회, 『인도 김영암 선교사 선교 보고 자료모음집』, 33-42.
[13] 이병성, 『이병성 선교사 선교종합 분석자료집』, 42-61.

우는 전략을 구상하여 효과적으로 실행해 왔다.

도시 이주민들을 대부분 시골 지역에서 이주한 사람들이다. 그들을 위해 도시 안에서 사회봉사 차원의 복지정책을 펼치고, 그들과 같은 종족과 언어로 된 교회를 세울 수 있다. 더 나아가 전략적으로 고향을 방문하여 복음을 전하도록 하고, 그들이 속해 있는 지역교회들도 정기적으로 방문하여 복음을 전해 가정교회를 이루고, 건물교회를 세워 주변 마을에도 복음을 전하는 전진기지로 삼을 수 있다.

일곱째, 토착화 선교 전략이다.

다야난드 바라띠(Dayanand Bharati)[14]는 "인도 교회는 복음을 전할 때에 인도인들과 소통할 수 있는 인도의 문화와 언어로 복음을 전해야 한다"고 주장한다. 그 내용은 다음과 같다.[15]

인도의 기독교인들은 자신들이 특정한 교단, 즉 미국(또는 영국) 감리교, 미국 자유감리교(American Free Methodist), 미국 침례교, 미국 자유의지침례교, 독일 루터교, 영국 성공회, 그리스 정교회, 시리아 제임스교(Syrian Jacobite), 로마 천주교 등의 교리적 선언을 받아들여야 한다고 생

---

[14] 현대의 대표적인 예수 박따(Yeshu Bhakta, 예수님을 따르는 자)이자 예수 박따 운동(Yeshu Bhakta Movement) 실천가다. '빼내기' 선교 방식과 인도에서 서양식으로 예수님을 따르는 것이 성경적이 아니라고는 것을 깨달은 후 성경적 근거와 자신의 경험으로 사람들이 더 이상 불필요한 '문화 개종'을 하지 않고 오직 예수님을 향한 '믿음'만 가지도록 안내하고 있다. 각종 강연을 통해 복음과 문화의 관계를 소개하고 있다.
[15] Datanand Bharati/ 이계절 역, 『인도의 눈으로 본 예수』, 190-191.

각한다.

　인도에서 그리스 철학, 로마 행정, 유대 관습과 의식(목사의 옷을 포함한), 독일 신학, 유럽 교회, 그리고 전혀 인도 느낌이 나지 않는 인도 신자들 때문에 인도 분위기가 나는 교회를 찾을 수 없다.

　인도 사람들이 인도 기독교 신학(Indian Christian Theology) 없이 예수님의 제자로 깊이 성장하는 것을 기대할 수 없다. 인도 기독교 신학을 형성하려면 인도 경전과 철학 체계의 용어를 사용해야 한다. 만약 인도 용어들을 '이교도의 터무니없는 생각' 또는 악마로부터 온 생각이라 여기고 거부한다면, 인도 기독교 신학을 발전시킬 수 없다.

　인도교회의 토착화를 위해 인도 서구식 예배 형태를 가져다가 그대로 사용하기보다는 인도식 전통예배를 연구해야 한다.[16] 전통의상을 입고 인도의 전통적 곡조가 붙은 인도 노래를 부르며, 악기도 전통악기를 사용하여 흥이 나는 인도식의 예배를 드리고 현지 설교자가 현지어를 사용할 수 있어야 한다.

　그리고 교회 지도자들은 교인들에게 애국심을 고취하고 인도인으로서 정체성을 갖도록 도와야 한다. 기독교 가르침과 충돌하지 않고 힌두교 신앙과 직접 관계가 없는 중립적인 문화는 적극 수용해서 인도 사람들과 동질감과 연대감을 나눠야 한다.[17] 사도 바울은 그리스도를 전하기

---

[16] 조은호, "힌두민족주의 인도 선교 전략," 540.
[17] 인도 펀잡(Punjab) 주에는 남성들이 시크교(Sikhism)의 상징인 터번을 쓰고 있는데

위해 유대인에게는 유대인같이, 이방인에게는 이방인같이 되었다. 교회 지도자들은 힌두인을 얻기 해서 힌두인 같이 될 필요에 대해 고민해야 한다.[18]

여덟째, 전 세대 선교 전략이다.

18세기의 모라비안 선교회는 1930년까지 배우지 못하고 멸시받던 약 3천 명의 평신도들을 선교사로 파송하였다.[19] 20세기에는 이성과 계몽주의의 발달로 과학과 기술이 발달하면서 우수한 인재들이 자신의 전문 직종으로 헌신하게 되었다.[20]

인도성결교회가 지금까지 ECC의 '훈련과 배가' 프로그램으로 평신도들을 선교 현장에 참여하도록 독려하여 많은 성과를 얻었다. 이것을 전문적인 기술을 가진 평신도와 젊은이들이 정기적으로, 혹은 부정기적으로 참여하도록 격려하고 2056년 100주년의 비전에 "전체 성도들은 복음전도와 교회 개척에 동원되어야 한다"[21]는 순덜싱 총회장의 주장처럼, 선교는 는 정해진 세대에 국한 되어 사역하는 것이 아니라 모든 교

기독교 목회자들이 터번을 쓰고 사역한다. ECI, "Great Open Doors in Punjab and Himachal," *Church Planter* 2012. 4. (2012): 1-3.
[18] 진기영, "2008년 인도 오릿사 기독교인 박해와 향후 선교적 과제," 144-145.
[19] Herbert Kane/ 박광철 역, 『기독교 세계 선교사』(서울: 생명의말씀사, 1997), 114.
[20] 안희열, "에딘버러 세계선교사대회와 존 모트의 선교 동원," 한국연합선교회, 『에딘버러 세계선교사대회의 회고와 전망』(서울: 미션아카데미, 2011), 150-151.
[21] 김은홍, "성경에 나타난 선교 방법론에 관한 연구: 사도행전 2:14-42을 중심으로," 한국연합선교회, 『성경과 선교신학』(서울: 미션아카데미, 2011), 288-290.

회 구성원, 목회자와 평신도, 그리고 온 세대가 참여하는 사역이 될 때에 전 세대로 복음이 흘러가게 될 것이다.

그러므로 인도성결교회는 기독교 문화를 반영하는 이미지 전략과 카스트를 매개로 같은 계급에게 전하는 동일 계급 집중전략, 그리고 강한 혈연 의식을 바탕으로 한 가족 단위 선교 전략, 정부와의 협조를 포함한 지역 연계 선교 전략, 하나님의 존재 증명에 효과적인 강력한 능력대결 선교 전략, 도시 이주민을 통한 동원 선교 전략, 인도의 문화와 언어로 복음을 전하는 토착화 선교 전략, 교회 모든 구성원이 선교하는 전 세대 선교 전략을 통해 성장하게 될 것이다.

참고문헌

1. 원 자료

1) 국문 자료

기독교대한성결교회 해외선교위원회. "인도 김봉태 선교사(1999. 4.-2001. 8.),"「선교사 자료집 4호 (베트남, 싸이판, 이스라엘, 인도)」. 서울: 기독교대한성결교회 해외선교위원회.

_____."인도 김봉태 선교사(2001. 10.-2004. 5.),"「선교사 자료집 3호 (일본, 인도네시아, 인도)」. 서울: 기독교대한성결교회 해외선교위원회

_____.「선교사 자료집 6호 인도」. 서울: 기독교대한성결교회 해외선교위원회.

_____.「선교사 자료집(2010-2011) 4권 이집트, 인도)」. 서울: 기독교대한성결교회 해외선교위원회.

_____.「자료집 23호 인도성결교회(1995-1998)」. 서울: 기독교대한성결교회 해외선교위원회.

_____.「자료집 35호 인도 김영암 선교사(1994)」. 서울: 기독교대한성결교회 해외선교위원회.

_____.「해외 선교사 기도편지(필리핀, 인도) 인도편 김영암 선교사」. 서울: 기독교대한성결교회 해외선교위원회.

_____.「인도 김영암 선교사 선교 보고 자료모음집」. 서울: 기독교대한성결교회,

1992.

기독교대한성결교회 해외선교위원회 선교 정책연구원. 『정책선교』 1권. 인천: 기독교대한성결교회 해외선교위원회, 2017.

_____. 『정책선교』 2권. 인천: 기독교대한성결교회 해외선교위원회, 2018.

기독교대한성결교회 해외선교위원회, 『해외선교위원회 30주년 기념 선교 백서』. 서울: 기독교대한성결교회 해외선교위원회, 2009.

_____. 『해외선교위원회 40주년 기념 선교 백서』. 서울: 기독교대한성결교회 해외선교위원회, 2017.

_____. 『해외 선교 정책백서』. 서울: 기독교대한성결교회 해외선교위원회, 1997.

_____. 『운영규정』. 서울: 기독교대한성결교회 해외선교위원회, 2002.

기독교대한성결교회. "해외선교위원회 운영규정," 『헌법』. 서울: 기독교대한성결교회 출판부, 2017.

김봉태. 「2017-2018년도 감사보고서」. 미간행 인쇄물, 2018.

이병성. 「이병성 선교사 선교종합 분석자료집」. 미간행 인쇄물, 2013.

전인도 선교사회 연구위원회. 『인도 선교 백서』. n.p.: 전인도 선교사회, 2012.

2) 영문 자료

ECC. *17th Annual General Meeting*. Chennai: ECI, 2005.

ECI. *33th-36th Biennial All India Conference*. Chennai: ECI, 2010-2016.

_____. *A March of Faith*, Chennai: Eagle Press, 2006.

_____. *A Master Plan*. Chennai: ECI, 2015.

_____. *A Master Plan*. Chennai: ECI, 2013.

_____. *Hand Book for House of Joshuas and Moseses*. Chennai: ECI, 2017.

_____. *KEHC-ECI Housing Project for Tsunami Victims*. Chennai: ECI, 2007.

_____. *Manual of the Evangelical Church in India*. Chennai: ECI, 2014.

_____. *Manual of the Evangelical Church in India*. Chennai: ECI, 2010.

_____. *Manual of the Evangelical Church in India*. Chennai: ECI, 2004.

_____. *Pamphlet on ECI Bible Seminaries and Schools*. Chennai: ECI, 2017.

_____. *33-37th Biennial All India Conference: Bishop-President Address*. Chennai: ECI, 2010-2018.

_____. *29th-37th Biennial All India Conference*. Chennai: ECI, 2002-2018.

_____. *Hand Book for Pastor*. Chennai: ECI, 2005-2016, 2018.

_____. *Church Planter*. Chennai: ECI, 2018. 1, 3-4, 5.

_____. *Church Planter*. Chennai: ECI, 2017. 1-2, 5-9.

_____. *Church Planter*. Chennai: ECI, 2016. 1-4, 5-6, 8.

_____. *Church Planter*. Chennai: ECI, 2015. 2-3, 4. 6-9, 11-12.

_____. *Church Planter*. Chennai: ECI, 2014. 12.-2015. 1.

_____. *Church Planter*. Chennai: ECI, 2014. 1-5, 7-8.

_____. *Church Planter*. Chennai: ECI, 2013. 1-5, 8. 10-11.

_____. *Church Planter*. Chennai: ECI, 2012. 4, 6, 11-12.

_____. *Church Planter*. Chennai: ECI, 2011. 3-5, 7-9, 12.

_____. *Church Planter*. Chennai: ECI, 2010. 2, 5-8, 12.

_____. *Church Planter*. Chennai: ECI, 2009. 6-8, 11-12.

_____. *Church Planter*. Chennai: ECI, 1998. 2.

Government of India Ministry of Corporate Affairs Office of the Registrar of Companies, Maharashtra, Pune. *Certificate Of Incorporation*. KCCP, 2015. 6.

Maharashtra, Pune. *Certificate of name approval*. KCCP, 2015.

MTSC. *Annual Report 2016-2017*. Chennai: ECI, 2017.

MTSC. *Annual Report 2015-2016*. Chennai: ECI, 2016.

Singh, D Sundar. *Evangelical Church of India-A Missional Church, National Missions Consultation*. 2018. 1. 30-2. 1. YMCA, Chennai.

VBS. *Annual Report 2010-2011*. Chennai: ECI, 2011.

Jayakumar, Samuel. "How one man dared to mobilize the whole nation and multiplied churches in modern India," *Bishop Ezra Sargunam 75th Anniversary Tributes*,

Chennai: ECI, 2013.

_____. *Mission Reader*, Delhi: ISPCK, Oxford, Regnum 2002.

Jeyasingh, Edmund. *A Graphic Portrayal of the Life, Ministry and Affirmative Activism of Bishop Ezra Sagunam*. Chennai: ECI, 2013.

Sargunam, M Ezra. *An Invitation for Partnership with Evangelical Church of India*. Chennai: ECI, 2010.

_____. *Christian Contribution*. Chennai: Mission Educational Books, 2006.

_____. *Hand book on Church Planting*. Madras: ECI, 1995.

_____. *Mission Mandate II*. Chennai: Mission Educational Books, 2006.

_____. *Mission Mandate*. Madras: Mission India, 1992.

_____. *Multiplying churches in Modern India*. Madras: Federation of evangelical churches in India, 1974.

Singh, D Sundar. "Rev Dr Ezra Sargunam – The Man and His Vision," In *Rev Dr Ezra Sargunam Golden Jubilee – Festschrift*. edited by Golden Jubilee Committee. Chennai: ECI, 1988.

2. 국내서적

고원용. 『세계선교 정책과 그 전략』. 서울: 한국장로회출판사, 2009.

김광수. 『동방기독교사』. 서울: 기독교문사, 1973.

_____. 『아시아 기독교 확장사』. 서울: 기독교문사, 1973.

김성태. 『세계 선교 전략사』. 서울: 생명의 말씀사, 2006.

_____. 『현대 선교학 총론』. 서울: 이레서원, 2000.

김은수. 『선교 역사로 보는 교회사』. 서울 : 생명나무, 2015.

_____. 『해외 선교 정책과 현황』. 서울: 생명나무, 2011.

_____. 『아시아 기독교회사 II』. 서울: 장로회신학대학교출판부, 2008.

_____. "한국교회 해외 선교 정책," 『한국기독교와 역사』. 서울: 한국기독교역사연구소, 2008.

박영환. 『세계 선교학개론』. 서울: 성광문화사, 2018.
_____. 『네트워크 선교 역사』. 인천: 도서출판 바울, 2012.
_____. 『선교 정책과 전략』. 인천: 도서출판 바울, 2005.
_____. "복음주의 선교신학의 모델-서울신학대학교 90년 역사에 나타난 선교신학의 흐름과 전망," 『21세기와 서울신학대학교』. 부천: 현대기독교역사연구소, 2002.
박영환·신동호. "애산 김진호 목사의 설교에 나타난 목회적 선교의 이해와 접근," 현대목회연구소 편. 『애산 김진호 목사 연구』. 부천: 서울신학대학교출판부, 2015.
오윤태. 『한국기독교사』. 서울: 혜선문화사, 1973.
이태웅. 『한국교회의 해외 선교』. 서울: 죠이선교회 출판부, 1997.
전호진. 『아시아 기독교와 선교 전략』. 서울: 영문, 1995.
_____. 『선교학』. 서울: 개혁주의신행협회, 1985.
조은호. "힌두민족주의 인도 선교 전략," 한국세계선교협의회. 『세계선교대회 7차 선교 전략회의』. 서울: 한국세계선교협의회, 2018.
진기영. 『인도 선교의 이해(Ⅰ)』. 서울: 기독교문서선교회, 2015.
_____. 『인도 선교의 이해(Ⅱ)』. 서울: 기독교문서선교회, 2016.
_____. 『서양식 선교 방식의 종말』. 서울: 기독교문서선교회, 2017.
한국선교신학회. 『선교학개론』. 서울: 대한기독교서회, 2001.
한국연합선교회. 『선교와 영적 지도력』. 서울: 미션아카데미, 2011.
_____. 『선교와 타종교』. 서울: 미션아카데미, 2011.
_____. 『선교와 현대 사회』. 서울: 미션아카데미, 2011.
_____. 『성경과 선교신학』. 서울: 미션아카데미, 2011.
_____. 『에딘버러 세계선교사대회의 회고와 전망』. 서울: 미션아카데미, 2011.
_____. 『한국 선교와 신학 교육』. 서울: 미션아카데미, 2011.
Cairns, D. S./ 김창운·장남혁 역. 한국연합선교회. 『비기독교 종교들에 관한 선교적 메시지』. 서울: 미션아카데미, 2012.

Lord Balfour of Burleigh./ 김성욱 역. 한국연합선교회. 『선교와 정부』. 서울: 미션아카데미, 2012.

Mott, John R./ 이용원 역. 한국연합선교회. 『비기독교 국가들에 대한 선교』. 서울: 미션아카데미, 2012.

PCK 인도 선교회. 『PCK 인도 선교 30년, 회고와 전망』. n.p.: PCK 인도 선교회, 2012.

3. 번역 서적

Allen, Roland./ 김남식 역. 『바울의 선교방법론』. 서울: 베다니, 1993.

Bharati, Datanand./ 이계절 역. 『인도의 눈으로 본 예수』. 서울: 밀알서원, 2017.

Bosch, David Jacobus./ 김병길·장훈태 역. 『변화하고 있는 선교』. 서울: CLC, 2000.

Carey, William./ 박영환 편역, 이희용 역. 『위대한 선교사, 윌리암 캐리』. 인천: 바울, 2008.

Dayton, Edward R.·Fraser, David A./ 곽선희·김종일·이요한 역. 『세계선교의 이론과 전략』. 서울: 대한예수교장로회 총회 교육국, 1991.

Gonzalez, Justo L. The Story of Christianity, 서영일 역. 『중세교회사』. 서울: 은성, 1995.

Jones E. Stanley./ 김상근 역. 『인도의 길을 걷고 있는 예수』. 서울: 평단, 2005.

Kane, J. Herbert./ 김명혁 편역. 『선교의 성서적 기초』. 서울: 성광문화사, 1997.

_____./ 박광철 역. 『기독교 세계 선교사』. 서울: 생명의말씀사, 1997.

_____./ 신서균·이영주 역. 『세계선교 역사』. 서울: 기독교문서선교회, 1993.

McGavran, Donald.·Hiunter, G. G./ 박은규 역. 『교회성장학』. 서울: 대한기독교출판사, 1983.

McGavran, Donald./ 이광순 역. 『하나님의 선교 전략』. 서울: 한국장로교출판사, 1993.

Neill, Stephen./ 홍치모·오만규 역. 『기독교 선교사』. 서울: 성광문화사, 1996.

Newbigin, Lesslie./ 홍병룡 역.『교회란 무엇인가?』. 서울: IVP, 2010.
Pierson, Paul./ 임윤택 역.『기독교 선교운동사』. 서울: 기독교문서선교회, 2009.
Rajendran, K./ 인도 선교소모임 역.『효과적인 인도 선교 핸드북』, 번역 복사본, 2002.
Ritzer, George/ 김종덕 역.『맥도날드 그리고 맥도날드화』. 서울: 시유시, 2003.
Soltau, T. S./ 신홍식 역.『현대선교 전략』. 서울: 크리스챤비전하우스, 1990.
Terry, John Mark·Payne, J. D./ 엄주연 역.『선교 전략 총론』. 서울: 기독교문서선교회, 2015.
Tucker, Ruth A./ 박해근 역,『선교사 열전』. 고양: 크리스챤 다이제스트, 1990.
Wagner, Charles Peter. "선교 전략의 최선두에서,"『퍼스펙티브스 1』. 고양: 예수전도단, 2014.
_____./ 전호진 역.『기독교 선교 전략』. 서울: 생명의 말씀사, 1978.
Winter, Ralph D./ 임윤택 역.『랄프 윈터의 비서구 운동사』. 고양: 예수전도단, 2012.
Michael Wood/ 김승욱.『인도이야기』. 서울: 웅진지식하우스, 2009.
Ziegenbalg, Batholomaeus./ 박영환·이용호 역.『덴마크 할레선교회의 역사적보고서』. 인천: 도서출판 바울, 2012.
로잔운동/ 최형근 역.『케이프타운 서약』. 서울: IVP, 2014.

4. 외국 서적

Aghamkar, Atul Y. *Insights Into Openness Encouraging Urban Mission*. Bangalore: SA-IACS, 2000.
Ahuja, Ram. *Social Problems in India*. New Delhi: Rawat Publications, 2004.
Alpha Institute of Theology and Science. *Indian Church History*. Thalassery: Vimala Offset Press, 2016.
Arole, Mabelle., Arole, Rajanikant. *Jamkhed: Comprehensive Rural Health Project*. New York: Macmillan publishers, 1994.

Bosch, David J. *Transforming Mission: Paradigm Shifts in Theology of Mission*. Maryknoll, NY: Orbis Books, 1992.

Daniel, J. T. K., *Hedlund, R. E. ed. Carey's Obligation and India's Renaissance*. Serampore: Council of Serampore College, 1993.

Davis, Walter Bruce. *William Carey*. Chicago: Moody Press, 1963.

Dayton, Edward., Fraser, David A. *1980 Planning Strategies for World Evangelization*. Grand Rapids: Eerdmans.

Downs, Frederick S. *History of Christianity in India*. Bangalore: The Church History Association of India, 1992.

Drewery, Mary. *William Carey*. Grand Rapids: Zondervan, 1979.

Firth, C. B. *An Introduction to Indian Church History*. Delhi: ISPCK, 1961.

Hiebert, Paul G. "Missiological Issues in the Encounter with Emerging Hinduism," In *Missiology, An International Review*, Vol. X XVIII, No 1, 2000. 1.

_____. *Anthropological Reflections on Missiological Issues*. Grand Rapids: Baker, 1994.

Hrangkhuma, F. *Origins of Church in India, Perspectives - South Asia version*. Bangalore, 1984.

Joseph, Stephen. "Evangelical Church of India," In *Oxford Encyclopedia of South Asian Christianity*. Vol. I. edited Hedlund, Roger E. New Delhi: Oxford University Press, 2012.

Kim, Sebastian. *In Search of Identity: Debates on Religious Conversion in India*. New Delhi: Oxford University Press, 2003.

King, Roberta. "Extent of Missionary Identification," In *Evangelical Dictionary of World Missions*, edited by Moreau, A Scott. Grand Rapids: Baker Academic, 2000.

Mahajan, V. D. *Modern Indian History*. New Delhi: S Chand & Co Ltd, 1990.

McGavran, Donald. *Understanding Church Growth*. Grand Rapids: Eerdmans, 1980.

_____. *Ten Step for Church Growth*. New York: Harper and Row, 1977.

Nambudripad, K.N. "Evangelization among Hindus," In *Let the Earth Hear His Voice*, edited by Douglas, J. D. Minneapolis: World Wide, 1975.

Neill, Stephen. *A History of Christian Missions*. London: Penguin Books, 1986.

Nicholls, Bruce. *Contextualization: A Theory of Gospel and Culture*. Exeter UK: Inter-Varsity Press, 1979.

Latourette, K. S. *A History of Expansion of Christianity*. Vol. 17. Grand Rapids: Harper Row, 1944.

Pendy, Ram Kumar. *Altitude Geography: Effect of Altitude on the Geography*. kathumandu: Sajha Parakasan ko Chhapakhana Lalipur, 1987.

Raj, Christopher S. "Communalism: Options and Responses," In *The Church in India: Its Mission Tomorrow*. Hrangkhuma, F. & Sebastian, C. H. Kim. Delhi: ISPCK, 1996.

Rudnick, Liann. *Speaking the Gospel through the Ages*. St. Louis: Concordia, 1984.

Shenk, Wilbert R. "Mission Strategies," In *Toward the 21st Century in Christian Mission*, edited by Phillips James & Coote, Robert. Grand Rapids: Eerdmans, 1993.

Stewart John. *Nestorian Missionary Enterprise*. Madras: The Christian Literatures Society's Press. 1928.

Sudhaker, M. "Apologetic in a Hindu Context," In *Missiology for the 21st Century*. edited by Hedlund R. E. & Bhakiaraj, P. J. Delhi: Cambridge Press, 2004.

Tippett, Alan. *Instruction to Missiology*. Pasadena: William Carey Library, 1987.

Williams, Theodore. "India: A Seething Subcontinent," In *The Church in Asia*, edited by Hoke, Donald. Chicago: Moody Press, 1975.

Winter, Ralph D. "The New Macedonia," In *Perspectives on the World Christian Movement: A Reader*, edited by Ralph d. Winter and Steven C. Hawthorne. Pasadena, CA: Wiliam Carey Library, 1981.

Zaehner, R. C. *Hinduism*. London: Oxford University Press, 1962.

5. 정기 간행물

곽이삭. "인도 힌두교의 이해를 통한 선교적 접근." 「KMQ」 통권 49호 (2014): 123-143.

권인수. "교회의 자원 활용 방법이 교회성장에 미치는 영향." 「로고스경영연구」 제11권 4호 (2013): 205-220.

김다니엘. "성서적 선지자적 소명, 사명과 선교사적 소명, 사명의 의의." 「복음과 선교」 제40권 (2017): 259-292

김상근. "'인도의 길을 걷고 있는 예수'를 증거한 스탠리 존스의 생애와 선교신학." 「기독교사상」 통권 556호 (2005): 252-259.

_____. "윌리암 캐리의 선교신학적 공헌과 시대적 한계." 「기독교사상」 통권 555호 (2005): 252-258.

김성호. "한국교회의 해외 선교를 위한 전략적 접근 방안에 관한 연구." 「로고스경영연구」 제12권 2호 (2014): 153-164.

김승진. "Willam Carey의 인도 선교 사역." 「복음과 실천」 제47집 1호 (2011): 139-167.

김은수. "해외 선교 정책과 변천에 대한 연구-주요 교단을 중심으로." 「선교신학」 제27집 7호 (2011): 71-96.

김은홍. "힌두권에서의 기독교 선교 전략." 「복음과 선교」 제7권 2호 (2006): 39-74.

김종웅. "오엠에스 선교 전략에 대한 소고." 「활천」 제514권 9호 (1996): 27-32.

김찬목. "키르기즈에 대한 기독교 선교 전략 고찰." 「로고스경영연구」 제14권 2호 (2016): 193-210.

김창환. "인도 '종교자유법'에 대한 힌두교인과 기독교인들 간의 논쟁." 「선교와 신학」 제9집 (2002): 63-84.

김한성. "힌두권 반개종법의 환경 속에서의 선교." 「선교신학」 제49집 (2018): 141-180.

_____. "한국교회의 네팔 선교 연구를 위한 예비 연구." 「ACTS 세계선교 연구」 제2호 (2012): 14-37.

노윤식. "새천 년과 한국성결교회; 새천 년을 향한 한국 성결교회의 선교 정책과 전략." 「성결교회와 역사」 제1권 (1999): 127-146.
박명수. "한국성결교회의 신학적인 배경에 대한 연구-성결론을 중심으로." 「교수논총」 제9권 (1998): 137-156.
박민수. "인도." 「선교와 현장」 제1권 (1996): 157-183.
박영환. "세계선교의 대안적 방안으로 한국화(Korbalisierung)의 한국선교." 「선교신학」 제24권 (2010): 273-309.
_____. "선교 정책과 전략 형성 이전의 배경사." 「신학과 선교」 제32권 (2006): 1-16.
_____. "성결교회의 선교와 사중 복음의 선교적 과제 고찰." 「성결교회와 역사」 제6권 (2005): 199-222.
_____. "성결교 선교신학과 사중 복음의 관계성에서 나타난 과제와 방향에 관한 고찰." 「신학과 선교」 제29권 (2004): 207-228.
백종태. "효과적인 인도 선교를 위한 한국선교의 역할." 「KMQ」 통권 42호 (2012): 77-89.
서요환. "윌리엄 캐리에 관한 소고-그는 진정 위대한 선교사인가?." 「개신논집」 제11집 (2011): 231-261.
성태경. "예수 그리스도의 인성에 나타난 기업가 정신 : 혁신자로서의 역할을 중심으로." 「로고스경영연구」 제11집 2호 (2013): 1-16.
송희천. "교단 해외 선교의 과거와 현재의 현황." 「활천」 제514권 9호 (1996): 14-20.
안영권. "21세기 선교 전략 모색을 위한 선교 역사 고찰." 「신학과 선교」 제4권 (2000): 107-137.
안희열. "한국교회의 타문화권 선교에 대한 평가와 제안." 「선교와 신학」 제31집 (2013): 249-284.
_____. "인도 카스트 제도에 대한 로마 가톨릭 교회와 개신 교회의 선교 전략에 대한 평가." 「복음과 실천」 제34집 (2004): 249-271.

원우연. "현대 선교 전략."「선학지남」통권 169호 (1975): 121-123.
이 섭. "한국선교가 인도 선교에 끼친 영향에 대한 선교신학적 평가와 역사적 의미."「KMQ」통권 42호 (2012): 61-76.
이용범. "개신교 최초의 선교사 지겐발크의 협력."「선교와 현장」제6집 (2001): 29-49.
이용원. "선교 전략론."「신학과 목회」제3권 (1989): 99-122.
이훈구. "선교 전략 정의에 관한 연구."「선교신학」제11집 (2005): 179-208.
전석재. "중국교회와 선교 전략."「선교신학」제21집 (2009): 315-346.
전호진. "성경에서 본 선교원리와 전략."「복음과 선교」제1권 (1985): 87-101.
장성진. "남인도의 지역사회개발선교 전략에 대한 신학적 고찰."「신학과 선교」제35권 (2009): 1-19.
정인우. "인도 선교: 트랜드와 이슈(Trends and Issues)."「고신선교」제5호 (2009): 79-150.
정호진. "계급과 종교간의 갈등이 첨예한 인도에서의 선교."「기독교사상」통권 520호 (2002): 24-35.
조은식. "한국교회의 선교 정책 비교-파송 및 선교행정을 중심으로."「한국기독교신학논총」제94집 1호 (2014): 301-329.
진기영. "힌두 선교와 예수 박타(Yeshu Bhakta) 모델."「복음과 선교」제32집 (2015): 187-219.
_____. "인도 박띠(Bhakti) 신앙에 대한 개혁주의 선교적 접근."「선교신학」제26집 (2011): 215-239.
_____. "한국교회의 인도 선교 패러다임 전환."「선교신학」제23집 (2010): 211-233.
_____. "2008년 인도 오릿사 기독교인 박해와 향후 선교적 과제."「선교신학」제20집 (2009): 125-150.
최원진. "세계선교 현황과 한국교회의 선교를 위한 전략적 제안."「복음과 선교」제30권 (2015): 229-268.

_____. "인도 힌두교 선교 전략-공동체의식의 이해를 통한 접근." 「복음과 실천」 제51집 (2013): 231-255.

_____. "21세기 선교 현장에 맞는 한국 선교사를 위한 선교훈련." 「복음과 선교」 제24집 (2013): 221-256.

최형근. "선교사 멤버케어 시스템 구축." 「선교와 신학」 28집 (2011): 85-114.

_____. "세계신학 최근동향; 현대 선교학의 동향-현대 선교운동을 중심으로." 「활천」 제605권 4호 (2004): 53-55.

하광진. 박광희. "모든 종교가 만나는 곳, 인도." 「선교와 현장」 제4집 (1999): 67-95.

허성식. "레슬리 뉴비긴의 선교적 논쟁이 가지는 선교신학적 함의." 「장신논단」 제50권 2호 (2018): 209-229.

Beaver, R. Pierce. "선교 전략의 역사." 이용원 역. 「신학과 목회」 제2집 (1998): 115-142.

Dick, David E. "Missiological Philosophy of OMS International, INC," "동양선교회의 선교 철학." 최형근 역. 「성결교회와 신학」 제4권 (2000): 124-133.

Hiebert, Paul G. "Clean and Dirty: Cross-Cultural Misunderstandings in India." In *Evangelical Missions Quarterly* 44:1 (2008): 90-92.

_____. "Missiological Issues in the Encounter with Emerging Hinduism." In *Missiology, An International Review*, Vol. 28, No 1 (2000): 47-63.

_____. "The Flaw of the Excluded Middle." In *Missiology: An International Review*, Vol 10, No.1 (1982): 35-47.

Kundukulam, Vincent. "Indian Christology: Certain Trajectories." In *Catholic Theology and Thought*, No. 80 (2018): 150-186.

Lewis, Rebecca. "Promoting Movements to Christ within Natural Comunities." In *International Journal of Frontier Missions* 24:2 (2007): 75-76.

Travis, John. "The C1-C6 Spectrum." In *Evangelical Missions Quarterly* 34:4 (1998): 407-408.

_____. "Must All Muslims Leave Islam to Follow Jesus?." In *Evangelical Missions Quarterly* 34:3 (1998): 660-663.

6. 기타 자료

기독교대한성결교회 뿌네한인교회.「사무총회록」. 미간행 인쇄물, 2005-2014.
양태철. "미전도 종족 선교를 위한 인도 선교의 중요성."「기독일보」. 2016. 11. 17.
문혜성. "인도 등 선교사 박해 갈수록 심화."「한국성결신문」. 2018. 4. 14.
Edinburgh Conference Report, Vol. IX. London, 1955.
Office of the Registrar General & Census Commissioner. "Population by religious community - 2011." 2011 Census of India.
The Times of India. "Christians attacked most in K'taka, Maha." 2014. 1. 23.
_____. "Jealously Has Prompted Attacks: Christian Priest." 2008. 9. 30.
https://kwma.org/tg_0102/11229KWMA(2018년 10월 1일 접속).
http://omc.kehc.org/(2018년 10월 1일 접속).
https://www.imaindia.org/#ima-vision-city(2018년 11월 22일 접속).

Abstract

A Study on Mission Strategy of India
- Focused on Evangelical Church of India -

This research aimed to analyze a history of Evangelical Church of India(ECI) and its mission strategy and to propose a future mission strategy and policy of ECI.

Evangelical Church of India rapidly grew by practicing the principle of receptivity. The Church has focused on lower caste and backward caste. It is also distributed mainly in some states like Tamil Nadu and Andhra Pradesh of South India and focused on a few tribes. Also, the Church tends to financially depend on foreign fund.

The Church needs a more modern and applicable mission strategy. ECI needs to widen from lower caste to higher caste and from part to the whole. The mission strategy has to be designed by indigenous people who is accustomed to the need and emotion of Indians, not by foreign mission societies or missionaries.

This research takes the method of the review of the historical literature. In particular, the General Assembly Report, statistics date and Monthly Report are the primary sources to be able to evaluate the practice process of mission strategy of ECI so far. However, there are cases to be a direct quotation because of unpublished sources and rare mission sources to India. The reason is that the sources are not sorted yet and so there is limitation in expressing them.

Because there is almost no study on the mission strategy of Evangelical Church of India so far, instead, I have tried to evaluate a few studies on the mission strategy of the mission strategy for India. However, it has limitations in analyzing the mission strategy of ECI with it.

In chapter one, this paper deals with the problem statement, the purpose, the method and the scope of research, the previous studies and terms definition. In chapter two, this paper periodically divides a history of Evangelical Church of India and its mission strategy and studies on the importance of India mission and its mission strategy and limitations. In chapter three, this paper deals with a history of Korean Church's India mission and its mission strategy and proposes a mission strategy through it. In chapter four, this paper deals with Korea Evangelical Holiness Church's role for India mission and analyzes Evangelical Church of India's mission strategy and its results. In chapter five, this paper ends with the summary and the proposal for the mission strategy of ECI.

Evangelical Church of India proposed the mission strategy as follows; The first is an image strategy. ECI has to continue to plant church and made symbolic Christian constructions. The second is a homogenous class focused strategy. It is a strategy to use castes. Converted people go and proclaim the gospel to their homogenous people. The third is a family unit mission strategy. It can be effective to Indians who have a strong family kindred consciousness. The fourth is a local connected mission strategy. It is to connect with local church and mission society and to share possible information through development cooperation with local government. The fifth is a power encounter mission strategy. It is to use the proof of God' being among many religions including Hinduism. The sixth is to use immigrated urban people mission strategy. It is to plant a church for people who migrated to cities and for them go to suburban areas and close village and plant a church. The seventh is an inculturation mission strategy. Indian church has to proclaim the gospel through Indian culture and language which can communicate with Indians. The eight is whole generation mission strategy. All church congregation, pastors and lay people, all generation have to participate in mission.

Therefore, the mission strategy of ECI can gain the effective results by practicing an image strategy, a homogenous class focused strategy, a family unit mission strategy, a local connected mission strategy, a power encounter mission strategy, immigrated people mission strategy, an inculturation mission strategy, whole generation mission strategy.